기업을 살리는
설득의 기술

조재형 지음

학지사

설득, 소비자의 마음을 훔치는 저비용 고효율의 기획

요즘처럼 커뮤니케이션이 중요해지는 시절이 전에 있었던가? 소셜 미디어의 융성으로 작은 동네 식당조차도 검색광고를 하고 블로그를 운영해야 장사를 할 수 있는 시대가 되었다. 과거에는 여러 사람을 거쳐 한참이 지난 뒤에야 소문이 퍼져나갔지만 지금은 하루아침에 맛집이 되기도 하고 악덕 식당이 되기도 한다. 기업에서도 홍보담당이 아니라도 관리자로서 제품이나 서비스의 커뮤니케이션에 관여할 수밖에 없어졌다. 또한 많은 사람들이 커뮤니케이션을 위해 유튜브를 운영하고 인스타그램을 통해 인플루언서가 되어 간다. 기업뿐만이 아니다. 정치권은 어떠한가? 이슈 하나마다 경쟁자의 네거티브를 형성하기 위해 혈안이 되어 간다. 적을 부정적으로 묘사하는 프레이밍에 바쁘다. 이 와중에 자신과 가게를 지키기 위해, 조직을 지키기 위해 모두가 커뮤니케이터가 되어 싸워야 하는 상황이다.

혹자는 재미있는 콘텐츠 동영상 하나면 열 콘텐츠 안 부럽다고 하는 사람들이 있다. 하지만 단지 그것만으로 성공한 사례는 많지 않다. 반면 최근 들어 스타벅스, 코카콜라, 유니레버 등 글로벌 기업들이 페이스북, 트위터 등에 광고 중단을 선언하면서 소셜미디어에 대한 불신이 커지고 있다. 소셜미디어가 '가짜뉴스'와 혐오 콘텐츠 등을 방관하면서 플랫폼의 불신을 자초했다는 지적이다.

이런 현상에 따라 좀더 근본으로 돌아가 설득의 원리를 돌아볼 필요가 있다. 설득의 차원별로 많은 전략들이 있음에도 업계 전문가들조차도 극히 일부의 전략만을 인지하고 사용하고 있어 가장 적합하고 파워풀한 전략이 적용되지 못하고 있다. 하지만 설득의 원리는 커뮤니케이션 외에도 다양한 문제를 해결하는 데 큰 도움이 될 수 있다. 동네의 작은 음식점에서부터 수많은 제품 생산자와 판매자, 사회단체와 정치 단체에 이르기까지 설득이 얼마나 중요하고 큰 돈 들이지 않아도 여러 아이디어를 찾아내 구현할 수 있는지, 여론을 좌지우지 할 수 있는지 그 영향력을 생각해 보면 이 시대의 절대 파워가 아닐 수 없다.

**기업을 살리는
설득의 기술**

2,400년쯤 전의 유명한 철학자 아리스토텔레스는 그의 〈수사학〉에서 에토스, 파토스, 로고스로 이어지는 논리의 상승은 우리가 사람을 대할 때뿐 아니라 세상의 많은 문제들을 다룰 때에도 해법이 될 수 있다고 했다. 지금까지 애용되는 아리스토텔레스의 설득체계는 수백 년에 걸쳐 검증되었고 이를 토대로 발전된 인지심리학으로서 커뮤니케이터에게 많은 도움을 주고 있다.

미국에서 PR의 아버지로 칭송받았던 에드워드 버네이즈는 PR을 '사람들의 동의를 이끌어내는 과학적인 설득(Scientific Persuasion)'이라고 정의 내리고 성공적인 PR프로젝트를 위해서는 큰 그림을 그릴 줄 아는 넓은 생각(Big Think)의 폭과 여론을 끌어들일 수 있는 세밀하고 꼼꼼한 준비와 방법(Crystallizing)이 필요하다고 했다.

버네이즈는 베이컨을 유행시키고, 사회관습을 타파하여 여성 흡연을 이끌었을 뿐 아니라 욕실에는 아이보리 비누를 놓고, 집집마다 서재를 만들어 책을 꽂도록 만들었다. 그는 PR를 통해 정치·외교적으로도 큰 영향을 미쳤다. 1950년대에는 과테말라 사회주의 정권으로부터 위협을 받던 바나나수입회사 유나이티드푸르츠를 도와 과테말라 사회주의 정권을 무너뜨리는 데 일조했다. 즉, 그가 과학적인 설득방법을 사용해 다양한 분야에 큰 영향을 끼쳤음을 알 수 있다.

이 책은 총 3장으로 구성되어 있다.

1장은 수사학에서 시작한 설득의 원리와 적용, 그리고 요즘과 같은 환경변화에 맞는 설득에 대해 설명해 준다. 요즘 사람들이 어림짐작이라 부르는 휴리스틱한 사고를 어떻게 갖게 되었는지 이를 이용하는 여러 법칙들을 소개하고 있다. 그리고 기업의 사회성, 진정성의 중요성과 이에 따른 여론의 향방에 대해 상세히 이야기한다.

2장은 설득과 관련된 이성적, 감성적, 공신력 제고 전략들에 대해 설명한다. 이성적인 상황을 전제로 한 전략으로 문간에 발 들여놓기, 메시지 측면성, 전문가효과 전략 등이 있다. 이성적 설득이 효과를 발휘하지 못할 경우에는 감성적인 또는 공신력을 주는 설득방법을 사용할 수 있다. 호감 이용, 복종 심리이용, 희소성 이용, 공포를 이용하는 감성적인 전략과 동질감 유발, 사회규범 집단습관, 진정성 전략등 공신력을 제고하는 전략이 있다.

'문간에 발 들여놓기'라는 전략을 예로 보자. 메시지를 구성할 때 핵심내용을 언제 제시하느냐에 따라 설득효과가 달라진다. 초두효과는 첫 부분에 오는 내용이 가장 설득적이라고 보는 것이고 최신효과는 가장 최근에 본 것이 효과적이라는 것이다. 또한 설득 메시지를 제시하는 순서를 달리해 상대방을 설득하는 방식으로 상대방에게 작은 요청에 응하게 한 후, 이것보다 더 큰 목표 요청까지 승낙하게 만들기도 한다. 이러한 전략이 효과적인 이유는 이러한 과정에서 '개입(involvement)'이 발생하기 때문이다. 즉, 아무리 작은 요청일지라도 일단 동의한 뒤에는 이전보다 그 문제에 더 많이 개입한 상태이기 때문에 이후의 요청에도 동의할 가능성이 높아진다.

어떻게 하면 수단과 방법을 가리지 않는 치열한 경쟁에서 이길 수 있을까? 3장에서 프레이밍, 프라이밍 전략을 소개한다. 적절한 프레임을 동원하는 프레이밍 효과를 통해 여론을 내 편으로 만들 수도 있다. 적용이 가능한 7가지의 모델을 제시한다. 상황, 속성, 선택, 행동, 이슈, 책임, 뉴스 등 상황에 맞게 프레이밍하는 것이다. 또 시각적인 앞선 자극을 형성시켜 불이 붙게 만드는 프라이밍도 효과적으로 경쟁에서 우위에 설 수 있는 설득 전략이다. 또한 상대의 공격 상황에서 대응력을 제고해 준다. 프라이밍 전략으로 무의식 맞춤 마케팅을 수행할 수 있다. 무의식은 감각을 경험하는 데 큰 영향을 미친다. 소비자들은 특별한 감각을 경험하기 위해서는 기꺼이 지갑을 연다. 감각 경험이 애매할 때는 무의식을 비롯한 다양한 외적 단서에 영향을 받는다. 그래서 식재료가 자연산인지, 양식인지에 따라 가격에 큰 차이가 있다. 따라서 오감을 소비하는 유형의 상품에서는 체화된 인지를 바탕으로 하는 무의식적 단서를 적절히 제시해주면 소비자들의 긍정적 평가를 이끌어 낼 수 있다.

이 책은 설득커뮤니케이션의 이론을 쓰임새 있게 정리하고 이론에 따라 적용할 수 있는 다양한 사례를 제시한다. 또한 국내 굴지의 커뮤니케이션 회사인 피알원이 진행했던 수많은 사례를 분석해서 각 전략별로 성공한 유의미한 사례를 발췌하여 소개했다. 사례만으로도 실무에 적용할 수 있는 많은 함의를 가질 수 있다. 이를 통해 여러 분야의 실무와 교육에 가치 있는 자료가 되기를 기대한다.

지금 한국뿐 아니라 전세계가 코로나 19 바이러스의 위협으로 신음하고 있다. 이럴 때일수록, 개인이든 기업이든 도시든 국가든 지혜로운 커뮤니케이션 활동이 필요하다. 설득의 무기를 날카롭게 다듬으면 저비용 고효율의 기획으로 소비자의 마음을 훔칠 방법을 찾을 수 있다. 또한 위기조차도 기회로 바꿀 수 있다.

끝으로 이 책을 출판하기 까지 각고의 노력을 기울여주신 학지사 관계자분들께 감사 드린다. 특히 출판을 결정해 주신 김진환 대표님과 편집을 도맡아 부족한 원고를 멋진 결과물로 탈바꿈해 주신 민신태 실장님의 노고에 각별히 감사드린다. 또한 저술작업에 큰 힘이 되어준 기현님과 늘 어려운 상황에서도 최선의 노력으로 회사의 성장을 이끌고 있는 200여 피알원 임직원 여러분에게도 이글을 빌어 고마움을 전한다.

2020년 가을, 북악산이 보이는 서대문 사무실에서

조재형 씀

2장 설득의 기술
: 이렇게 내 편이 된다

3장 설득의 비밀병기
: 무조건 세 가지는 통한다

설득 의 범위

: 어디까지 설득할 수 있니?

1장

설득의 범위
: 어디까지 설득할 수 있니?

설득은 인류의 태생부터 시작되었다. 인류의 첫 범죄, 아담과 이브의 선악과 따먹기는 뱀의 설득에서 초래됐다. 아무도 승리하지 못한 파국을 부른 유혹적 설득이었지만, 하지 않겠다고 생각하는 사람을 움직였다는 점에서 아주 완벽한 설득의 사례다.

히브리즘의 첫 장에 등장하는 설득처럼, 헬레니즘의 첫 장 언저리에도 설득은 등장한다. 그리스 철학의 주요 개념인 에토스, 파토스, 로고스를 아리스토텔레스는 '수사학'을 통해 설득의 개념으로 활용한다. 그래서 설득은 상황에 따라, 방법에 따라 다른 효과를 갖고 있기 때문에 어떤 상황이든, 상대를 설득할 수 있는 적절한 방법을 찾을 수 있다고 말했다. 바로 이 개념이 '설득 커뮤니케이션'의 원천이다.

　20세기, 대중 매체, 지구적 이슈들이 범람하면서 설득은 그 영역을 확장하였고 영향력도 커졌다. 아리스토텔레스부터 현대사회의 정치 경제 활동에 이르기까지, 그 설득의 흐름을 살펴보자.

아리스토텔레스의 수사학

　인류의 위대한 스승, 그리스의 철학자 아리스토텔레스는 다양한 학문의 근원을 마련했다. 특히 논증과 언변에 탁월했는데 설득이론의 뿌리가 되는 수사학에도 아리스토텔레스는 막대한 영향을 끼쳤다.

　약 2,400년 전 아리스토텔레스가 강의한 〈수사학〉은 총 3권으로 이루어져 있다. 메시지의 발화자(ethos)를 다루고 있는 제1권은 변론가와 관련하여 논증의 사고 과정을 제시한다. 감정들에 관한 이론(pathos)을 제공하는 제2권은 메시지의 수신자인 대중의 감정을 고려하는 논증의 사고 과정을 다룬다. 메시지 그 자체(logos)에 주목하는 제3권은 메시지와 관련해 '말의 결(lexis)' 또는 '글장식(elocutio)'에 대해서 말하고, '말의 순서(taxis)' 혹은 '말의 배열(dispositio)' 등을 담고 있다.

인간 정신의 창조적 행위에는 수많은 '기술(Techne)들'이 존재한다고 생각한 아리스토텔레스의 〈수사학〉은 전체적 통일성을 갖고 있다. 내용과 형식을 적절히 나눠 책의 구성에서 '수사학의 실천적 효율성'을 입증해 보였다고 〈수사학〉의 번역자 이종오 교수는 평가했다.

아리스토텔레스의 〈시학〉이 현대에도 문학적 시금석으로 사용되고 있고, 한국에서도 거듭 번역 출간되고 있는 것처럼 〈수사학〉은 현대 언어학, 문학, 논리학에 큰 영향을 미쳤다. '수사학의 여왕' '학문의 여왕'이라고 불리는 이 책은 이제 그 영역을 설득으로 넓혀가고 있다. 세상의 학문이나 철학에서 가장 중요한 것은 상대에게 영향을 미치는 수사학이고, 그 수사학의 도구들이 바로 지금 이 순간 우리의 설득 커뮤니케이션에도 충분히 활용가능하다는 것을 보여주고 있다.

이 안에는 분명한 교훈이 있는데 수천 년에 걸쳐 많은 사람들이 그 교훈을 받아들여 자신의 삶과 사회를 변화시켜 왔다. 말하고자 하는 이야기의 주제를 제대로 이해하고, 청취자가 누군지 파악하고 제대로 된 도구를 활용해 잘 전달하기만 하면 누구든 설득할 수 있다는 자신감이다.

그렇기 때문에 '현대의 수사학'이라고 불리는 커뮤니케이션 분야에서 아리스토텔레스의 〈수사학〉이 중요한 것은 어찌 보면 당연한 일이다. 버네이즈를 비롯한 현대의 이론가들은 '기술'

에 주목했고, 현대의 커뮤니케이션 상황을 접목해 이론을 지속적으로 발전시켰다. 물론 좋은 결과만 낳은 것은 아니다. 어떤 경우에는 선전 도구로 활용되어 정치나 비즈니스에 왜곡된 결과를 만들어 냈다.

분명한 것은 2,400년 전에 제작된 설득의 도구들이 현대의 어떠한 환경에서도 전략적 커뮤니케이션을 구현하는데 개념적 밑바탕을 제공하고 있다는 점은 확실하다.

인지심리학이 제안하는 설득의 기술

사회인지(social cognition)란 개인을 둘러싼 사회적 장면이 인간의 판단과 행동에 미치는 영향을 이해하는 방법으로, 사회적 현상을 설명하기 위한 구조라 할 수 있다. 이러한 접근은 인지적 구성 요소가 어떻게 형성되어 기능하고, 변하는지 관심을 갖고, 사회적 자극에 대해 반응하기까지 발생하는 과정에 주목하는 심리학적 관점이다. 그리고 특정 대상이나 사건에 대한 소비자의 결과가 아닌 과정에 초점을 맞춰 어떻게 그러한 현상이 일어나는지에 대해 설명한다.

이러한 사회인지 분야는 소비자 행동과 설득 효과를 설명하는 여러 이론에 많은 기여를 했다. 지난 수십 년 동안 광고 효과

018　　　　　기업을 살리는
설득의 기술

와 설득 커뮤니케이션에서 이러한 심리학적 이론들을 토대로 많은 연구들이 발전되어 왔다.

그러나 심리학, 특히 사회인지적 접근은 광고 홍보 연구에 한층 다양하고 적절한 설명이 될 수 있음에도 불구하고, 그 유용성에 비해 상대적으로 덜 중요하게 다뤄지고 있다. 태도 · 행동 관련, 조건화, 귀인, 인지부조화 등과 같이 많이 알려진 사회인지적 접근뿐만 아니라, 사회인지적 접근은 다음의 다양한 상황을 설명하는 이론들을 포함하고 있다.

소비를 선택하는 과정을 통해 비교 판단 과정이나 태도의 인지적 처리 과정, 사회적인 해석에서 인과적 판단 차이를 가져오는 사건들의 지각적인 형태나 순서의 효과, 판단의 강도와 불확실성을 모두 고려한 소비자 판단, 기억의 접근성과 진단성, 소비 목표와 대안에 대한 평가 등이다.

1970년대부터 사회인지심리학은 사회 현상을 바라보는 하나의 관점으로 자리 잡기 시작했는데, 이런 현상에는 귀인(attribution)이나 도식(schema), 휴리스틱(heuristic) 등의 연구가 널리 알려졌기 때문이다. 1970년대 말 와이어와 칼스톤(Wyer & Carlston, 1979)의 〈사회인지, 추론 및 귀인〉이 편찬되면서 본격적으로 사회인지적인 관점이 학문으로 정립되기 시작했다. 이 책은 추론이나 귀인과 같은 사람들의 인지적 판단 과정에 있어 부호화, 저장, 그리고 인출과 같은 기억의 역할을 강조하며, 처음으로 추론이나 귀인을 인지심리학적 모형으로 적용시켜 체계적으로 설명했다.

　설득이론의 고전처럼 널리 읽히는 〈설득의 심리학〉의 저자 로버트 치알디니는 '설득은 기술이 아닌 과학'이라고 했다. 스스로 설득에 서툴다고 생각하는 사람은 물론이고 어린이를 달래는 일조차 힘겨워 하는 사람도 설득의 심리학을 이해하면 과학적으로 효과가 입증된 전략을 사용해 설득의 고수가 될 수 있다고 했다.

　소비자가 광고와 같은 설득 메시지에 노출될 경우, 소비자들은 그 메시지에 대해 어떻게 태도를 형성할까? 페티와 카치오포(R. E Petty & J. T. Cacioppo)가 제시한 정교화 가능성 모델에서 그 해답의 실마리를 찾을 수 있다. '정교화 가능성'이란, 소비자가 설득 메시지에 노출될 때, 메시지가 주는 정보에 주의를 기울이며 자신의 욕구와 관련지어 정보를 처리하려는 노력의 정도를 말한다.

　정교화 가능성이 높을수록 소비자의 태도는 제품정보에 영향을 받게 된다. 페티와 카치오포는 이 때의 제품정보를 중심단서라고 부르고 이러한 태도형성 경로를 중심경로라고 하였다. 반면에 정교화 가능성이 낮을 때에는 광고모델, 주제음악 등에 영향을 받게 되고, 그러한 것들을 주변단서라고 하며, 이 때의 태도형성 경로를 주변경로라고 했다. 중심경로를 통하여 형성된 태도는 비교적 장기간 지속되며, 부정적 정보에 노출되더라도 이에 저항적이며, 행동에 영향을 미칠 가능성이 높다.

주변경로를 통하여 형성된 태도는 비교적 일시적이며, 부정적 정보에 노출되면 쉽게 변할 수 있으며, 행동으로 이어질 가능성이 낮다고 봤다.

제품 또는 서비스에 관여가 많은 소비자일수록, 정보처리에 많은 노력을 기울이고, 반대로 관여가 적은 소비자일수록 정보처리에 그만큼 소홀하다. 그러므로 제품에 관여가 많은 소비자들은 주로 중심경로와 제품정보에 의해 태도를 형성하며, 관여가 적은 소비자들은 주로 주변경로에 의해 태도를 형성하고, 판매원의 인상이나 광고모델의 매력도 등에 많은 영향을 받는다고 알려졌다. 그래서 이를 바탕으로 광고효과 측정 모델로 많이 활용되고 있다.

SNS 등 다양한 정보와 빅 데이터를 고객 설득에 활용하는 요즘엔, 소비자가 관여가 많은 소비자인지, 관여가 낮은 소비자인지를 파악하기 쉬워졌고, 그 유형에 맞춰 중심경로 혹은 주변경로의 정보를 강화하는 방식으로도 접근·설득할 수 있는 것이다.

버네이즈와 괴벨스가 휘두른 대중심리의 칼

에드워드 버네이즈(Edward L. Bernays). 1891년 오스트리아 빈에서 태어나 미국에서 살다 1995년 104세에 사망한 천재이다. 어머니가 지그문트 프로이트의 여동생인데, 버네이즈가 대중심리학을 프로이트의 정신분석학과 결합시키는 배경으로 이해할 수 있다.

버네이즈는 성공적인 PR 프로젝트를 수행하기 위해서는 큰 그림을 그릴 줄 아는 폭넓은 생각(Big Think)과 여론을 끌어들일 수 있는 세밀하고 꼼꼼한 준비·방법(Crystallizing)이 필요하다고 강조했다. 그는 대중심리학에 그의 삼촌인 프로이트의 정신분석학을 결합해 최초로 홍보와 선전에 이용했고, 대학교에서 최초로 '홍보'라는 교과과정을 가르쳤으며, 최초의 PR 전문서도 펴냈다. 오늘날 'PR의 아버지'로 불리는 그는 늘 자신을 'PR 고문(PR counsel)'이라고 소개했다. PR에 애정과 자부심을 갖고 있었고, 뛰어난 창의력과 집요한 해결 능력을 지닌 사람이었다. 한편으로 그는 모순덩어리이기도 했다. 민주주의를 선전하면서 직원들을 거칠게 다루었고 국가건강보험을 PR하면서 담배 판매를 촉진했다. 여성의 권리를 지지했지만 여성 직원이나 자신의 부인은 하대했다.

그의 인간적인 문제들에도 불구하고, 버네이즈의 PR관은 오늘날 미국과 전 세계 여론정치의 기본문법이 되었다는 걸 부인하기는 어렵다. 그래서 에드워드 버네이즈의 PR에 관한 큰 공로는 인정하면서도, 다른 면에서는 '정보조작의 아버지'이기도 하다는 비판적인 평가를 받고 있다.

▟ 프로파간다를 사랑한 사람들

버네이즈는 원래 'PR'보다는 '선전(propaganda, 프로파간다)'이라는 용어를, 'PR 고문'보다는 '선전가(propagandist)'라는 호칭을 선호했다. 하지만 과거 수세기 동안 종교적 뉘앙스를 풍기는 중립적 의미의 단어였던 '선전'이 제1차 세계대전 이후 부정적 의미로 바뀌어버리자 그는 더 이상 '선전'을 자신의 직업과 연관 지어 자유롭게 쓸 수 없게 됐다. 그래도 버네이즈는 '선전'이라는 말에 대한 애착을 갖고, 부정적인 이미지를 걷어내려고 노력했다. 그의 저서 〈프로파간다〉는 그러한 노력이 가장 돋보이는 야심작이다. 이 책에는 제1차 세계대전 후 약 10년간 다양하고 광범위한 활동이 자세하게 소개되어 있다. 창의성뿐만 아니라 정직한 실천 전략을 특징으로 하는 당시의 선전 사례를 자세히 조망함으로써 '선전'이라는 말의 나쁜 느낌을 지우려는 시도를 했다.

적나라한 사례가 몇 개가 있다. 럭키스트라이크 담배 판매와 관련된 일이다. 아메리칸토바코(American Tobacco) 회사의 힐

(Hill) 사장은 괴짜였는데, 미국 인구의 절반인 여성이 거리에서 담배만 핀다면 떼돈을 벌 수 있다고 말하던 사람이었다.

1928년 힐 사장은 길거리에서 담배 피는 여성을 만들기 위해 버네이즈를 고용했다. 버네이즈는 특정 담배를 돋보이게 하기보다 남성에게 타당한 행동이 왜 여성에게는 그렇지 않은지 이유부터 알아냈다.

원인을 찾기 위해 정신분석학에서 도움을 구했고, 그가 찾은 사람은 프로이트의 제자이며 저명한 심리학자인 A. A. 브릴(Brill)이었다. 그리고 드디어 브릴은 1929년에 다음과 같은 결론을 내렸다.

> 여성의 흡연 욕구는 지극히 정상적인 것이다.
> 여성의 자유는 여러 가지 억압된 여성의 욕구를 해방시켰다.
> 그 결과 지금 많은 여성은 남성이 하는 일과 똑같은 일을 하고 있다.
> 임신하지 않는 여성이 증가하고 있으며 아이를 갖더라도 적게 가진다.

결론적으로 이 논리에는 여성의 특성은 없다. 대신 남성과 동일시되는 흡연만이 여성에게는 자유의 횃불(Torches of Freedom)이 될 수 있다고 강조한다. 그리고 '자유의 횃불'에 착안한 캠페인이 시작됐다.

1929년 부활절. 교회에서 예배를 마치고 사람들이 밖으로 나올 무렵 버네이즈가 엄선한 일단의 미녀들이 뉴욕의 중심 5번가(Fifth Avenue)에서 행진을 했다. 그리고 버네이즈의 신호에 따라 담뱃불을 붙였다. 왜 공공장소에서 남성의 흡연은 당연하고 여성은 부당한가에 대한 항의 즉, 자유의 외침을 의미하며 횃불이 당겨진 것이었다. 센세이션이 일어났다. 언론은 앞다퉈 관련 기사를 썼다. 그리고 이 행사는 미국 여러 곳으로 퍼져 나갔다.

버네이즈는 공공장소에서 여성의 흡연을 금기시하는 것은 여권 탄압이라는 논리를 짜냈다. 그래서 자유를 상징하는 부활절, 미국의 가장 유명한 퍼레이드 거리 맨해튼 5번가에서, 아름다운 여인이 담배를 피우며 행진하는 퍼레이드를 벌인 것이다. 이 광경은 사진기자들의 주목을 받았고, 이 캠페인 이후 5주 만에 뉴욕 대부분 극장에는 여성 전용 흡연실이 만들어졌다고 한다.

버네이즈는 1924년 캘빈 쿨리지(Calvin Coolidge) 대통령의 재선을 돕기도 했다. 쿨리지 대통령은 1923년 워런 G. 하딩 (Warren G. Harding) 대통령이 재임 중에 사망하자 부통령에서 대통령으로 올라선 뒤 1924년에 대선 후보로 다시 지명됐다. 선거 홍보 의뢰를 받은 버네이즈는 쿨리지의 까다롭고 차가운 이미지와 평판을 서민적이고 소박한 이미지로 극적으로 바꾸어 무난히 당선될 수 있게 했다.

또한 버네이즈는 1929년에 토머스 에디슨의 전구 발명 50주년을 기념하는 '빛의 황금 축제'로 전 세계인의 주목과 찬사를 받았다. 하지만 사실 이 행사는 제너럴 일렉트릭(GE)과 미국전력협회의 이익을 지켜내기 위해 버네이즈의 주도로 사전에 치밀하게 계획된 선전극이었다.

그의 명성을 보여주는 또 하나의 극적인 사례는 히틀러와의 관계이다. 1933년에는 권력을 장악하기 직전의 아돌프 히틀러 (Adolf Hitler)로부터 PR 자문 요청을 받았으나 그는 거절했다.

과일 유통회사 유나이티드프루트컴퍼니(United Fruit Company)는 오랫동안 미국 과일 시장을 석권해온 대기업이었다. 그런데 과테말라에서 이권을 약속했던 군사정권이 물러나고 새로운 정권이 들어서면서 그 전의 약속은 사라지고 몰수와 분배와 같은 정책이 펼쳐져 회사는 위기에 빠졌다. 이때 버네이즈는 여론을 조작해 과테말라를 소련의 공산주의 전초기지로 낙인찍었고, 미국 중앙정보부(CIA)의 신경을 거슬리게 만들었다. 이

**기업을 살리는
설득의 기술**

를 통해 1954년 과테말라 정부를 전복시키고 친미 성향의 정부가 들어서게 했다. 과테말라의 사회주의 지도자 자코보 아르벤즈 구즈만을 이라크의 후세인과 같은 악당으로 설정했으며 미국은 독재자와 전쟁 중이라는 이미지를 만들어 냈다.

▮▮ 로고스 < 파토스 < 에토스

버네이즈가 주장하고, 괴벨스가 동조한 새로운 선전 개념은 사실 오래전 아리스토텔레스가 그의 저서 〈수사학〉에서 사람을 설득하는 기술을 가르치며 사용한 세 가지 개념을 활용한 것이다.

첫째 로고스(Logos). 이는 논리에 기반한 이성적인 설득을 의미하는데 뛰어난 기능 때문에, 혹은 아름다운 디자인 때문에 우리 제품을 사는 것이 당연하다고 설득하는 '구시대적' 선전이 여기에 해당한다.

둘째 파토스(Pathos). 파토스는 심리에 기반한 감정적인 설득으로 청결 보건 선전에 공포 심리를, 비누 선전에 교육열과 과시욕을, 피아노 선전에 동조심리를 이용한 버네이즈의 선전 활동이 이에 해당한다. 아리스토텔레스는 로고스가 파토스를 이길 수 없다고 생각했다. 인간은 입증된 사실보다 믿고 싶어 하는 사실에 더 이끌리기 때문이다. 아리스토텔레스는 인간을 합리적인 존재가 아닌 합리화하는 존재로 보았다. 따라서 사람을 설득할 때는 로고스, 파토스, 에토스의 요소 모두를 사용해야 하지만 각 요소를 비교하자면 로고스가 가장 약하고, 그 다음이 파토스, 그 다음 에토스가 가장 강력하다고 보았다. 아리스토텔레스의 설득 이론과 버네이즈의 선전술이 비슷한 이유는 버네이즈의 외조부 지그문트 프로이트의 정신분석학이 아리스토텔레스의 수사학에 큰 영향을 받았기 때문이다.

셋째는 가장 강력하다는 에토스(ethos)다. 선전술의 효과 측면만 본다면 버네이즈의 열렬한 팬인 괴벨스가 그를 훨씬 압도하는데, 그 비결이 바로 에토스에 있다. 에토스는 종족적 가치로까지 신격화되는 설득자의 고유한 성품, 매력, 카리스마, 진실성을 의미한다.

버네이즈가 거절한 히틀러의 PR작업을 진행한 괴벨스는 히틀러를 메시아로 만들었다. 괴벨스가 한 작업은 성경을 독일 아리아인과 유대인의 투쟁사로 만드는 것이었다. 친나치 신학자들은 예수를 유대인이 아닌 아리아인으로 변경시켰다. 구약성경은 폐기되었고 십계명은 십이계명으로 바뀌었다. 추가된 계명은 '총통을 경외하라', '네 혈통과 명예를 순수하게 지켜라'였다. 히틀러 우상화에 반대하는 고백교회가 생겨났지만, 잔인하게 탄압당한다. 괴벨스는 독일인들이 히틀러를 예배하게 만들었다. 히틀러가 연설할 때의 분위기는 마치 교회 부흥회를 방불케 했다. 많은 독일인이 탄식하고 함성을 지르고 기도하고 히틀러의 연설을 간절히 경청했다. 괴벨스는 히틀러를 모든 위기에서 독일을 구원할 메시아로 만들었다.

인지부조화와
휴리스틱 전략

사람은 불합리한 측면을 가지고 있다. 바로 이 지점에서 설득 혹은 PR의 활동여지가 커진다. 인지부조화, 합리적인 인간의 불합리한 선택 등의 용어는 사실 많은 전략과 이론들을 낳았다.

휴리스틱 모델, 휴리스틱스(heuristics)도 그렇다. 발견법(發見法)이라고 부르는 이 모델의 사전적 의미부터 챙겨보자. 한국심리학회의 〈심리학용어사전〉에 따르면, '휴리스틱(heuristics) 또는 발견법(發見法)이란 '불충분한 시간이나 정보로 인하여 합리적인 판단을 할 수 없거나, 체계적이면서 합리적인 판단이 군이 필요하지 않은 상황에서 사람들이 빠르게 사용할 수 있는 어림짐작의 방법이다'. 사람의 판단방법은 철두철미하게 이성적인 것이 아니라는 사실에 바탕을 두고 있다. 이를 제주대 안도현 교수는 '방편'으로, 서울대 이광근 교수는 '통밥(통빱)'으로 번역해 쓰자고 제안하고 있다.

이 모델은 1956년 미국 카네기멜론대 허버트 사이먼(Herbert Simon) 교수가 '제한된 합리성(bounded rationality)'을 주장하면서 시작됐다. '인간은 100% 합리적이지 않고 다만 부분적으로 합리적이다. 정보 부족, 인지능력 한계, 물리적 시간적 제약 등의 이유 때문에 인간의 합리성은 제한된다'고 사이먼 교수는 말했다.

여기서 출발해 다양한 의사결정 상황에서 인간의 인지적 한계로 인해 발생하는 의사결정 문제의 범위를 축소시켜, 간단해진 절차에 규범적 규칙을 이용하는 것이 휴리스틱 모델이다. 즉, 휴리스틱 모델을 사용하는 방법은, 복잡한 과제는 단순화시킨 후 거기에 규범적인 의사결정 규칙을 사용하고, 단순한 과업 상황에서는 처음부터 최종 의사결정에 이르기까지 규범적 규칙을 이용한다.

인간은 생각하기를 싫어하고 인지적 노력을 최소화하려는 특성이 있다. 이를 '인지적 구두쇠(cognitive miser)'라고 하는데 인간의 이런 특성과 시간, 비용, 지능의 한계로 사람들은 '제한된 합리성'을 바탕으로 판단한다. 인간은 모든 대안을 평가한 후 최적의 대안을 선택하기보다는 자신이 만족할 수준의 대안이 나오면 판단을 멈추고 구매를 한다(만족화 모형). 그러다 보니 사람들은 논리적 사고체계보다 직관적 사고체계를 더 많이 활용하면서 선택을 단순화시킨다. 이런 성향은 바쁘고 급할수록 더 많이 이용되는데 바로 이런 단순한 의사결정 전략, 주먹구구식 방법을 '휴리스틱(Heuristics)'이라고 한다. 사람들이 자주 활용하는 휴리스틱으로는 이용가능성 휴리스틱, 대표성 휴리스틱, 기준점 휴리스틱, 감정 휴리스틱 등이 있다.

사람들의 지식 구조를 설명하는 대표적인 이론으로는 '연상 네트워크 모형(Associative Network Model)'이 있다. 사람들은 지식을 거미줄처럼 연결해 네트워크의 형태로 저장해둔다는 이론인데 이런 지식의 네트워크를 '스키마(Schema)'라 한다. 스키마는 관련 지식이나 정보를 의미하는 노드(Node)와 이를 연결하는 링크(Link)로 구성돼 있다.

그래서 외부 자극을 받으면 연결 강도가 강한 지식(정보)부터 활성화가 이뤄지고, 링크를 통해 다른 지식(정보)들로 급속히 확산되는 '활성화의 확산원리(Spreading Activation Principle)'가 이뤄진다. '활성화의 확산원리'는 우유 한 방울을 물에 떨어뜨리면 우유가 물에 급속히 퍼져나가는 모습을 상상하면 된다.

휴리스틱을 통해 의사결정을 단순화할 수 있다. 이런 모델을 이용하는 몇 가지 사례를 소개한다.

▟ 생동감이나 이미지화로 회상 용이성을 높인다

보통 사람들은 최근에 본 생생한 내용을 더 쉽게 회상한다. 사람들이 흡연보다 자동차 사고로 사망하는 사람이 더 많다고 느끼는 것도 흡연보다는 자동차 사고로 인한 사망소식을 뉴스 등을 통해 더 생생하게 접하기 때문이다.

그러므로 생동감 있게 표현할수록 사람들은 관련 정보를 더 쉽게 회상해 의사결정에 바로 적용한다. 예를 들어 포스트잇을 만들고 있는 미국의 다국적 기업 쓰리엠(3M)은 자사의 안전

유리 광고를 위해 버스 승강장 바람막이 창을 안전유리로 막고 그 공간 사이에 실제 돈과 가짜 돈을 섞은 돈다발을 넣었다.

그리고 유리를 깨서라도 가져갈 수 있으면 꺼내 가라는 광고 카피로 안전유리 제품의 특징을 강조했다. 이 광고 전략은 버스를 기다리는 대중들의 시선을 단숨에 사로잡았고 브랜드 인지도를 높이는데 큰 역할을 했다. 이 광고를 접한 사람들은 '안전유리'하면 쓰리엠이 제일 먼저 떠오를 것이다.

▟ 강력한 하나의 메시지로 승부한다

이용 가능성 관련 연구를 보면 10개의 장점을 떠올리도록 하는 것보다 1개의 장점을 떠올리게 하는 것이 평가 대상에 긍정적인 영향을 미친다.

왜냐하면 1개보다는 10개를 떠올리는 것이 어렵기 때문이다. 장점이 너무 많아 생각이 떠오르는 걸 방해한다면 장점이 많지 않다고 판단할 수 있다.

'다시다'하면 '고향의 맛', '볼보(Volvo)) 하면 '안전(Safety)', 코카콜라 하면 '즐거움(Fun)'이 자연스럽게 떠오르는 것은 오랜 시간 동안 하나의 핵심 메시지를 반복적으로 커뮤니케이션했기 때문이다. 보통 특정한 광고목적을 달성하기 위해 일정 기간에 계획적, 조직적, 계속적으로 전개하는 광고활동을 광고 캠페인(Advertising Campaign)이라 부르는데, 강력한 하나의 메시지를 소비자의 기억 속에 각인시키려면 반드시 '장기 캠페인'

이 필요하다.

1984년부터 시작된 유한킴벌리의 '우리강산 푸르게 푸르게' 캠페인, 1989년부터 시작된 오리온 초코파이의 '情' 캠페인, 1981년부터 시작된 앱솔루트 보드카의 'Absolut + Theme(테마)' 캠페인 등을 장기 광고 캠페인의 사례로 볼 수 있다.

// 입소문을 이용한다

원래 확률이론에는 표본의 크기가 클수록 모집단의 특성을 더 잘 나타낸다는 '다수의 법칙(Law of Large Numbers)'이 있다. 그러나 사람들이 대표적인 속성을 중심으로 판단하게 되면 사람들이 표본의 크기가 작더라도 모집단의 특성을 대표할 수 있다고 여기는 '소수의 법칙(Law of Small Numbers)'을 따르는 오류를 범하게 된다. (소비자 구매 결정의 잣대가 바뀌고 있다, LG경제연구원. 2011. 11. 30)

이탈리아 패션 브랜드 디젤(DIESEL)은 2010년 3월 스페인 마드리드와 바르셀로나 매장에서 '디젤캠' 서비스를 시작했다. 매장에 온 고객이 새로 살 옷을 입고 디젤캠으로 사진을 찍은 후 페이스북에 올려 친구들과 의견을 공유할 수 있도록 했다. 하루 평균 50여 장의 사진이 찍히고, 관련 포스팅만 1만 5000여 개에 달하는 등 소비자들로부터 좋은 반응을 이끌어냈다. 온라인 신발 전문 브랜드 '자포스(Zappos)'는 쇼핑몰에서 제품을 구매하는 첫 구매 고객의 43%는 주변 사람들의 추천을 통해 방문했고 한번 구매한 고객이 다시 방문해 제품을 구매하는 재구매 고객의 비율이 75%에 달하면서 지난 10년간 1300%나 성장했다고 한다.

▮▮ 새로운 기준점을 제시하라

롯데제과의 몽쉘은 1990년대 초, 초코파이 제품을 한 단계 업그레이드시킨 제품으로 초코파이의 마시멜로 대신 크림을 넣어 부드러운 식감을 느낄 수 있게 개발했다. 몽쉘은 출시 후 월 평균 15억 원 정도의 매출을 올렸다. 2009년에는 400억 원, 2010년엔 25% 신장한 500억 원의 매출을 기록했다. 몽쉘은 '속을 보고 고르면 몽쉘'이라는 광고를 했는데 이는 초코파이계의 절대 강자 '오리온'을 겉으로 드러내기 보다는 마시멜로가 아닌 크림을 넣은 속을 보라는 메시지로 새로운 기준을 제시하고 있다.

LG전자는 태블릿PC와 울트라북(노트북)의 이동성과 편의성을 고려한 휴대기기를 '탭북'이라 부르고 새로운 기준을 제시해 소비자의 구매를 유도하고 있다.

▮▮ 인지부조화를 해소시켜라

일반적으로 소비자가 구매 전의 기대와 구매 후의 실제 평가가 서로 일치하지 않을 때 발생하는 것이 인지 부조화(Cognitive Dissonance)다. 기대에 비해 성과가 낮은 경우에 불만족을 느끼는 사람들은 불편한 인지부조화를 해결하기 위해 노력한다. 더불어 사람들에게는 확증편향(Confirmation Bias)이라는 속성이 있어서 자신이 느끼는 인지부조화를 줄여주는 메시지에 관심을 갖는다.

'과자는 살만 찌고 건강에 좋지 않다'는 생각 때문에 먹으면서 죄책감을 느끼는 소비자에게 오리온의 프리미엄 과자 브랜드 '닥터 유'는 죄책감을 덜어주고 그 자리에 영양밸런스를 채우는 건강에 좋은 과자라는 점을 내세웠다. 소비자가 느끼는 인지부조화를 줄여주고자 한 것이다. 닥터유는 2008년 출시 1년 만에 프리미엄 제과시장이라는 새로운 카테고리를 만들며 400억 원의 매출을 기록, 대표적인 힐링푸드로 자리잡았다.

인지부조화라는 인간의 불합리성은 편향이나 오류를 발생시키기도 하지만 한편으로는 투자 결정, 부동산 거래, 채용, 이직, 데이터 분석 및 판단 등 업무나 일상의 매우 중요한 결정을 더 잘하기 위해 에너지를 아껴두는 현상이라고 할 수도 있다.

왜 우리는 펩시콜라 대신에 코카콜라를 선호하는가? 코카콜라나 펩시콜라의 화학적 구성은 거의 동일하다. 그럼에도 콜라 하면 코카콜라가 연상되고 더 선호한다. 왜 사람들은 선험적인 지각만으로도 어떤 브랜드가 다른 브랜드보다 더 낫다고 생각하는가?

2004년 신경학자 샘 매클루어(Sam McClure)는 새로운 버전의 펩시 챌린지를 시도했다. 그들은 맛 테스트와 기능성자기공

명영상(fMRI)을 이용해 선호도와 두뇌의 반응을 측정했다. 연구 결과, 블라인드 맛 테스트에서는 코카콜라와 펩시콜라에 대한 선호도가 비슷했지만, 상표를 알려 준 경우에는 코카콜라의 맛을 펩시콜라보다 거의 두 배나 선호하는 것으로 나왔다. 또한 fMRI로 뇌를 스캔한 결과, 브랜드를 알려 주지 않고 스캔했을 때는 달콤한 음료에 의한 두뇌 영역만 활성화된 반면, 코카콜라 브랜드를 본 뇌는 보상 영역 외에 인간의 쾌감을 관장하는 영역도 함께 활성화된다. '코카콜라'가 이전의 긍정적인 감정을 유발하는 문화적 코드로 인식시킨 결과다.

폴 슬로빅(Paul Slovic)은 감정이 여러 형태의 판단이나 의사결정에서 정신적 지름길로 작용한다고 주장하고 이를 '감정 휴리스틱(affect heuristic)'이라고 불렀다. 우리의 사고는 대부분 이미지에 의해 판단된다. 이미지에는 소리, 냄새, 실제 혹은 상상의 시각적 인상, 아이디어 및 단어들이 포함된다. 학습을 통해 이 이미지들이 직간접적으로 연결되어 조건화된다. 로버트 B. 자이언츠(Robert B. Zajonc)도 감정이 의사 결정에서 중요한 역할을 한다고 주장한다. 사람들이 자극에 노출되면 인지 반응보다 먼저 자동적 정서적 반응이 야기된다. 안토니오 다마지오(Antonio Damasio)의 〈데카르트의 오류(Descartes' Error)〉에서 감정과 무의식의 이미지가 의사를 결정한다고 주장했다. '당신의 직감, 바로 신체 표지를 따르면, 당신은 부정적인 행동 방침

**기업을 살리는
설득의 기술**

을 즉각 기각하고, 선택 대안을 압축한 다음 그중에서 최종 대
안을 선택할 수 있게 될 것이다'라고 말했다.

휴리스틱-체계적 모델은 정교화 가능성 모델처럼 설득의
중재적인 과정을 중시 여긴다. 비록 두 가지 이론 간의 비슷한
점이 있지만 중요한 차이점도 있다. 정확한 요인의 상태를 파
악함에 있어 타당성의 추구를 살펴봐야 하는데 사람들은 이에
대한 동기적 관심사만 발전시켜왔다. 즉 설득적인 메시지의 타
당성 접근이라는 측면에서 정확한 동기가 부여된 수용자의 정
보처리 목적으로 판단되었다.

인간은 매일매일 수많은 의사결정(선택, 판단 등)에 있어서
상당 부분 휴리스틱을 사용해 시간을 단축시키고 효율적으로
행동하려 한다. 물론 단점으로 비합리적 결정과 편견을 낳을
수도 있다. 그렇지만 휴리스틱은 우리 일상에서 큰 역할을 하
고 있다. 진화심리학에서는 휴리스틱을 복잡한 일상을 간단하
게 살기 위한 생존전략이라고 평가하고 있다. 정보를 추구하는
대중에게 이성적인 메시지를 제공해 설득이 이뤄진다는 정교
화 가능성 모델은 이제 무용지물이 되었다. 특히나 현재의 디
지털 세상, 온라인으로 연결된 개인적 현실세계에서는 감정과
강력한 인상에 의해 의사결정이 이뤄지고 있으니 휴리스틱 모
델이 상황 분석과 결과에 대한 평가 모델로 관심을 끌고 있다.

이제 복잡하고 난해한 문제(problem)나 이슈 속에서 호응도
높은 심플하면서도 임펙트 있는 메시지를 제시하는 사람이 이

기는 시대이다. 측정이 쉽도록 척도를 계량화하고 평가하여 이를 토대로 예측성을 높여 다음 계획에 데이터로 반영할 수 있다면 광고주가 그대를 사랑할 것이다.

개인 맞춤광고와 인플루언서의 거대한 흐름

요즘 사람들은 호기심이 생기면 참지 않고 바로 휴대폰을 꺼내 검색한다. 예전 같으면 백과사전이나 서적 또는 신문 같은 매체를 보기 위해 도서관을 찾았으리라. 전통적인 광고홍보 이론이 거의 무용지물이 된 가장 큰 이유는 정보를 전달하는 채널의 변화 때문이다.

독자나 시청자가 많은 유력매체의 오프라인 중심에서 온라인, 모바일로 미디어 채널을 급격하게 변동시켰기 때문이다. 과거에는 대기업 광고주가 공중파를 통해 대량으로 CF를 노출하면 소비자의 인지도와 관심을 창출할 수 있었다. 그러나 이제는 그 방식은 돈만 많이 들고 효과는 한정적이라고 인식하게 되었다. 소비자가 검색을 통해 직접 정보를 찾고 태도를 형성하면서 바로 구매 활동을 해 버리는 시대가 되었기 때문이다. 정보의 확산이 송출자 중심에서 수신자 중심으로 바뀐 것이다. 디지털 매체의 빠른 발전에 따라 소비자들이 정보를 접할 수 있는 방법도 다양해지고 있다.

특히 최근 모바일을 사용하는 빈도가 증가하고 SNS 사용량이 늘어나며 모바일 광고 시장이 급속도로 성장하고 있다. 따라서 개인의 스마트폰을 매체로 한 검색광고가 중요해 지고 있다. 검색광고 마케팅, 검색광고 최적화 등 검색 우위 확보를 위한 방법들이 계속 발전하고 있다. 검색광고는 포털사이트에서 특정 키워드 검색 시 검색 결과 화면에 광고주의 사이트가 노출되는 광고로, '키워드 광고' 또는 '파워링크 광고'라고 불리기도 한다. 정확한 타깃팅이 이루어질 경우 높은 효과를 얻을 수 있고, 불특정 다수가 아닌 광고주가 원하는 키워드로 검색 시에만 결과에 노출되므로 더욱 합리적이고 효율적이다.

▮ 온라인 광고가 지배하는 현상

온라인 광고 시장의 성장은 2018년 2월 구글의 매출 발표로 추정할 수 있다. 구글이 발표한 연간 매출액은 1,109억 달러(약 108조 원)이며, 이 중 80% 이상이 디지털 광고로부터 발생했다고 밝혔다. "구글은 검색엔진이지만, 사실은 광고 플랫폼이다"라는 말을 실감하게 하는 발표였다. 일상적으로 접하는 뉴스 웹사이트, 블로그, 기타의 앱에서 흔히 보는 배너 광고는 대부분 구글이 제공하는 정보를 기반으로 하는 광고 플랫폼 위에서 작동하고 있다. 구글의 사례는, 온라인 광고 매출이 증가할수록 즉, 수집·활용되는 온라인 형태정보가 많아질수록 개인정보 컴플라이언스 위험도 더불어 증가하고 있음을 보여준다.

전반적인 온라인 광고 성장 속에서도 눈길이 가는 건 동영상 광고다. 2019년 온라인 광고 시장은 검색 광고(SA)의 비중이 47%, 노출형 광고(DA)가 34%, 동영상 광고가 19%를 차지했다. 아직 검색·노출 광고의 비중이 높지만, 동영상 광고의 성장세가 두드러졌다. 유튜브, 아프리카TV 등 동영상 광고는 2019년 1조2290억 원 어치가 집행됐다. 동영상 광고 시장이 처음으로 1조 원을 돌파했다. 2015년(1897억 원) 대비 시장은 약 6배 커졌다.

페이스북은 2020년 3월 대상을 정해 광고를 노출하는 '타깃 광고'를 일부 중단할 것을 선언했다. 미국시민자유연합(ACLU), 전국공정주거동맹(NFHA) 등 미국 시민단체가 '페이스북의 타깃 광고가 특정 계층에 대한 차별을 조장한다'며 소송을 제기한 결과이다. 광고주들이 '40대 이상의 이용자'나 '여성'에게는 일자리 광고를 노출시키지 않거나, 어린아이나 장애인이 있는 가정에는 주택 광고를 노출하지 않도록 하는 등 광고 대상을 선정하는 과정에서 사회적 차별 문제가 대두된 것이다.

페이스북이나 인스타그램에서 제공되는 타깃 광고는 이용자 개인정보 및 이용행태 등 인공지능(AI)이 학습한 데이터를 바탕으로 한다. 타깃 광고의 목적은 타깃팅을 통해 제품, 앱 또는 서비스에 관심을 보일 가능성이 큰 사람에게 광고를 게재해 자사의 상품에 대한 도달률을 높이는 것이다. 이에 광고주들에게 주목받는 타깃팅 알고리즘이 바로 '자동 타깃팅'이다. 자동 타깃팅은 AI가 이미 학습한 데이터를 사용해 광고주의 비즈니스에 관심을 가질 만한 사람들로 타깃을 만들어 광고를 노출하는 방식이다. 이는 우리에게 익숙한 넷플릭스, 유튜브와 같은 서비스에서 활용되는 'AI 추천 시스템'과 유사하다. 과거 불특정 다수를 대상으로 하는 광고에서 이제 개인을 대상으로 세밀하게 전개되는 새로운 광고 시장이 대세가 되었다.

▮▮ 새로운 미디어 세상이 열리고 있다

"유튜브, 넷플릭스에 볼 게 많은데 기사를 왜 봅니까." 언론이 처한 현실을 단적으로 보여주는 기자협회보의 독자 인터뷰 내용이다. 새로운 플랫폼이 빠르게 사람들 속으로 파고들고 있다. 독자와 시청자들이 신문과 TV에서 인터넷과 모바일로, 이젠 영상 플랫폼으로 갈아타고 있다. 모바일을 통해 소셜 미디어와 같은 디지털 테크놀로지의 이용은 이제 삶의 일부분이 되었다. 개개인이 온라인 네트워크상에서의 사회적 연결성을 기반으로 다양한 커뮤니티 구성원으로서 존재함과 동시에 개인의 창의성을 표현하는 것이 가능해지면서 소셜미디어는 사람들의 일상의 삶에 많은 영향을 미치고 있다. 개방과 참여, 공유의 가치로 요약되는 웹 2.0상에서 소셜 미디어는 일, 친교, 정보교환과 같은 사회적으로 의미 있는 관계를 통해 상호 긴밀히 연결되어 있는 개인들로 구성되어서 심지어 대면 커뮤니케이션으로서의 의미까지 내포하고 있다. 이와 함께 기술의 발전으로 디지털 플랫폼 환경은 다양한 포맷의 광고를 가능케 할 뿐 아니라 소비자간 상호 능동적 행동의 변화를 예고한다.

우선 주목할 미디어 트렌드는 '쇼퍼블(shoppable)', '숍버타이징(shopvertising)'으로 대표되는 미디어와 커머스의 결합이다. 영상과 이미지를 보면서 즉각적인 구매도 가능한 이 서비스는 다양한 형식으로 제공되는데 특히 인플루언서 마케팅과 결합해 소셜 미디어 분야에 접목, 확대될 것으로 보인다. 즉 몇 번의 클릭만으로 인스타그램 피드를 스크롤링하며 콘텐츠 노출과 정보 공유, 구매까지 한 번에 가능하다. 이러한 즉각적 구매 행위로 쌍방향 구매형 비디오인 쇼퍼블 광고가 유튜브, 핀터레스트, 인스타그램에 자리 잡았다. 나아가 광고를 보면서 쇼핑 가능한 미디어인 숍버타이징은 AR 기술이 접목된 쇼핑 가상 경험으로 확대됐다. 일례로 가구 브랜드 이케아(IKEA)는 소비자의 집에 가구 배치를 시연하고 있으며, 메이크업 회사들도 그들의 제품을 구매 전 소비자에게 가상으로 시연할 수 있는 서비스를 제공하고 있다.

▎▎점점 커지는 인플루언서 영향력

소셜네트워크서비스(SNS) 스타를 의미하는 이른바 '인플루언서'(influencer)의 영향력이 막강해지면서 유통업계가 이들을 활용한 마케팅에 발 빠르게 나서고 있다. 인플루언서는 'SNS를 통해 타인에게 영향력을 미치는 개인'이라는 의미의 신조어다. 인스타그램이나 유튜브, 페이스북 등 SNS에서 수만 명에서 수십만 명에 달하는 팔로워를 보유한 사람들이 그들이다. 이들의 패션이나 메이크업 스타일 등 생활상 하나하나가 팔로워들에게 영향을 미친다.

인플루언서는 각 SNS상에서 영향력을 발휘하고 있기 때문에 SNS 채널의 종류에 따라 마케팅의 형태도 나뉜다. 가장 활발하게 사용되는 채널은 유튜브, 인스타그램, 페이스북이라 할 수 있다. 여러 가지의 채널을 동시에 운영하는 인플루언서들도 존재한다. 때로는 각각의 채널들은 서로 영향을 주고받기도 하는데 예를 들어 페이스북에서 광고하는 A제품에 대한 리뷰를 소재로 한 영상을 유튜브에 업로드하는 방식이다.

국내 주요 유통업체들도 인플루언서와의 협업을 늘려가는 추세다. 특히 화장품 분야가 활발한데 인플루언서들의 화장품 브랜드를 론칭하는 이유는 식품의약품안전처에 '화장품 책임 판매업'을 등록하면 사업을 전개할 수 있어 진입장벽이 낮기 때문이다. 식약처에 따르면 2019년 한국 화장품 제조·판매업체 수는 1만 80곳으로 전년(8,175개)보다 23.3%나 늘었다. 인플루언서가 직접 화장품 브랜드를 선보이지 않더라도 화장품 브랜드와 협업해 화장품을 선보이는 경우도 적지 않다. 미샤 '래

디언스 퍼펙트핏 파운데이션'의 모델인 뷰티 크리에이터 이사배는 SNS 채널 및 미샤의 온·오프라인 채널을 통해 고객에게 신제품을 소개한다. 아모레퍼시픽의 남성용 화장품 브랜드 비레디도 유튜버 스완과 함께 협업한 신제품을 선보인다. KB금융지주 경영연구소에 따르면 '소셜셀링'이 주목받기 시작하면서 글로벌 인플루언서 마케팅 시장 규모는 2015년 5억 달러(약 5900억 원)에서 2020년 100억 달러(약 11조 8500억 원)로 늘어날 것으로 예상했다. 5년여 만에 20배 가량 늘어난 셈이다. 반면 기존의 대형 쇼핑센터들은 매장 줄이기와 구조조정하기에 바쁜 형편이다. 이렇게 광고와 유통 모두가 온라인으로 무게중심 이동을 급속히 진행하고 있다.

기업의 사회성, 여론 앞에서 전략을 찾아라

합리적 설명과 종합적인 이해보다 직관적이고 개별적인 요소들이 중요해진 개별미디어의 시대. 근데 아이러니컬하게도 진정성이 점점 중요해 지고 있다. 워낙 왜곡이 많은 세상에서 겉과 속이 같은 진실함에 대한 요구가 커지고 있기 때문이다. 기업들은 사회공헌에 많은 투자를 하고 있지만 투자만큼 성과를 내기가 쉽지 않다고 한다. 이 이유 중 하나는 겉과 속이 다르기 때문이다. 착한 기업으로 생각했는데 거짓말이네? 조그만 실수에도 공중은 금방 분노하고 손가락질을 해 댄다. 식품회사 오뚜기의 사례는 교훈이 될 수 있다.

▟ 갓뚜기라 불린 기업, 양날의 검 '착한 이미지'

일반적으로 대기업의 기업이미지가 잘 만들어져 있다. 막대한 자금력을 바탕으로 선도적인 제품을 개발하고, 거기에 또 막대한 마케팅 비용을 들여 브랜드 이미지를 만들어 간다. 사회공헌 예산도 연간 수천억 원에 이르는 대기업도 있다. 중소기업으로서는 알아도 따라할 수 없는, 먼 나라 이야기다.

그런데 오뚜기의 사례는 좀 특이하다. 일단 대기업도 아니고, 막대한 자금이나 압도적인 제품이 있는 것도 아니다. 많은 이들이 알고 있듯이, 오뚜기는 2014년부터 '착한 기업'으로 이름을 알리기 시작했다. 오뚜기가 착한 기업으로 자리매김한 데는 몇 가지 결정적인 요인이 있다. 상속세 납부, 정규직 채용, 라면값 동결 등이다.

2016년 함태호 오뚜기 명예회장이 별세하며, 함영준 회장은 오뚜기 지분 등 재산을 상속받았다. 이에 따라 상속세도 납부하게 됐는데, 그 규모가 1,500억 원에 이른다. 함 회장은 상속세 납부 의무를 기피하지 않고, 전액을 5년에 걸쳐 성실히 납부하겠다고 밝혔다. 쉽지 않은 결정이다. 편법을 동원해 상속세를 피하는 재벌가 오너들 이야기를 떠올리지 않을 수 없다. 또한, 오뚜기는 비정규직을 고용하지 않는다. 관련 업계에서 전체 직원이 정규직인 경우는 오뚜기가 유일하다. 오뚜기는 대리점과의 갈등도 없다고 알려져 있다. 대리점을 실질적 협력업체로 여기고 어려움을 수시로 파악하기 위해 오뚜기 영업사원들은 거래처를 방문한 뒤 애로 사항들을 접수한다. 경영진 혹은 오너의 공과 사가 섞이는 일도 지양한다. 함 회장은 회사에 지인이 와도 회사의 비용을 쓰지 않는 것으로 유명하다. 자신의 지갑에서 직접 현금을 꺼내 회사에 견학 온 친구들을 대접했다는 이야기는 이미 회사에 퍼져 있기도 하다.

오뚜기는 대형 마트에서 일하는 시식 사원 1,800여 명 전체를 정규직으로 고용했다. 대다수 식품 기업이 인력업체에서 단기 교육만 받은 직원을 파견 받는 것과 대조적이다.

함태호 명예회장의 소리 없는 기부도 유명하다. 함 명예회장은 315억 원 규모의 개인 지분을 사회복지단체에 기부한 적이 있다. 본인이 보유한 오뚜기 주식 3만 주(0.87%)를 사회복지단체인 밀알복지재단에 기부했다고 금융감독원에 보고했다. 이에 따라 함 명예회장이 보유한 주식은 60만 543주에서 57만 543주로 줄었다. 기부한 주식의 가치는 315억 원에 달한다. 함 명예회장은 국내 대표적인 사회공헌 기업가로 알려져 있다. 1992년부터 한국심장재단에 심장병 어린이 수술비를 지원했다.

2017년 문재인 대통령과 재계 총수 간 간담회에 중견기업으로는 함 회장이 유일하게 초청받아 화제가 되기도 했다. 하지만 언론의 주목을 받다 보니, 약점도 백일하에 드러났다. 오뚜기가 가진 약점은 내부거래다. 그룹 내 일감 몰아주기와 내부거래로 지적을 받게 됐다. 오뚜기라면이 대표적이다. 오뚜기는 라면을 자체 제작하지 않고, 오뚜기라면에서 제작한 라면을 사다 팔고 있다. 오뚜기라면은 전적으로 오뚜기에 의존하는 구조다. 오뚜기라면 지난해 매출 6,459억 원 가운데 6,417억 원을 오뚜기와 거래로 올렸다. 오뚜기라면의 최대주주인 함 회장은 오뚜기라면의 지분 32.18%을 갖고 있다. 결국 내부거래를 통해 오너 개인회사의 배를 불려주고 있다는 비판을 받을 수밖에 없었다. 오뚜기는 오뚜기라면의 지분 27.65%를 갖고 있다. 갓뚜기로 뜨기 전에는 이런 사실이 잘 드러나지 않았다. 기업규모가 상대적으로 크지 않다 보니, 일감 몰아주기 규제 대상에서 살짝 비껴나 있었던 것. 약점은 누구나 있고, 그것을 어떻게 처리할 것인지가 설득을 담당하는 사람들의 몫이다.

▮▮ 브랜드와 소비자 유대감을 높여라

전 세계적으로 브랜드와 소비자 간의 유대감은 점점 둔화되는 추세다. 그래서 신뢰와 유대를 쌓기 위한 활동이 필요하다. 사회공헌 활동, 고객과의 상호 작용, 사회적 교환 등을 통해 기업이 사회적 의무를 다하는 '사회참여'가 중요한 이유다.

매년 '브랜드 관계 지표(Brand Relationship Index)'를 발표하

는 미국의 PR컨설팅 기업 에델만의 루펜 데사이(Rupen Desai) 부회장은 "언드 브랜드(Earned Brand)를 주목할 필요가 있다"며 "브랜드가 가진 세계관과 가치, 신념 등을 포함함으로써 브랜드의 목표와 존재 이유를 설명해 줄 수 있어야 한다"고 말했다. 그는 언드 브랜드를 구축할 수 있는 7가지 행동 지표도 제시했다.

▷ 분명한 목표를 가지고 행동하라

▷ 기억에 남을 스토리를 활용하라

▷ 모든 소비자 접점에서 신뢰를 구축하라

▷ 적극적으로 듣되, 선별적으로 응답하라

▷ 그들의 삶에 영향을 미쳐라

▷ 공유를 유도하고, 파트너십을 도모하라

▷ 유니크한 캐릭터를 가져라

새로운 여론 환경에 대한 확실하고 유일한 대응 전략은 기업 스스로 '훌륭한 사회성'을 형성하는 것뿐이다. 기업의 오너부터 일선 직원들까지 제대로 형성된 사회성을 공유해 기업의 문화와 체질로 만드는 것이다. 예를 들어 예전 어떤 기업에게 '고객은 왕이다'라는 액자 속 서비스 철학이 있었다면 이젠 구체적으로 왕의 종류는 어떤 유형이 있고, 각각의 왕에게는 어떤 서비스를 제공해야 하는지, 그들과는 어떻게 대화해야 하는지를 직원들과 정확히 공유하는 노력들이 전제되어야 한다. 생각이 실행으로 연결되는 체득이 사회성의 중심인 셈이다. 사회적으로 공분이 생겨나는 위기가 발생하면 기업 구성원 모두는 어떤 생각으로 어떤 입장을 정해야 하는지를 정확히 결정할 수 있어야 한다. 예전 그 결정의 핵심적 기반이 최고경영진의 '개인적 감정이나 생각'이었다면, 이제는 그 기반은 '훌륭한 사회성' 그 자체로 대체되어야 한다.

▌▌사회참여, 진정성이거나 전략이거나

아모레퍼시픽은 2004년부터 '희망가게'를 운영하고 있다. 주 고객층이 여성이란 점에 초점을 맞춰 자녀를 양육하는 여성 가장(한부모가족)에 창업자금을 지원하는 사업이다. 최대 4,000만 원을 연 1% 금리로 빌려준다. 상환기간은 8년, 이자는 또 다른 여성 가장의 창업지원금으로 적립된다. 2019년까지 402곳이 문을 열었다. 이들의 월평균 소득은 244만원이고 대출금 상환율은 83%에 달한다. 소상공인 평균소득(194만원 · 2017년 기준)보다 높아 여성 가장의 경제적 자립을 돕는데 기여했다는 평가다. 아모레퍼시픽은 희망가게로 브랜드 이미지 제고는 물론 잠재고객(여성) 구매력을 높여 경제적 가치까지 챙기는 효과를 누렸다고 평가받았다. 최근 이처럼 사회 문제 해결과 재무성과를 동시에 달성하는 '사회적 가치 창출'을 새로운 성장 전략으로 모색하는 기업이 늘고 있다.

2011년 4월, 농심은 일본 라면시장처럼 프리미엄 라면 제품을 선보였다. 기존 라면보다 가격이 높았으며 해당 라면 브랜드의 핵심 메시지는 '설렁탕 한 그릇의 영양'이라는 키워드였다. 당시 사회경제, 정치적 환경은 생필품 물가 인상과 관련해 민감한 상황이었다. 해당 제품이 영양가가 높고 프리미엄 제품이라는 점을 강조하고자 했지만, 높은 가격으로 소비자 부담을 높이고 라면이 설렁탕과 같다는 의미의 메시지는 과장광고 논란을 증폭시켰다. 해당 메시지는 비싸다는 인식에 '귀족 라면'이라는 비난을 야기했다. 신제품 브랜드는 결국 출시 5개월 만에 국내 판매는 중단하고 해외 수출만 하게 되었다. 당시 실제 제품 맛에 대한 고객의 반응은 매우 좋았다. 정치경제적 배경으로 부정적 여론이 조성될 것인가를 파악하고 그에 대한 전략적 커뮤니케이션 준비가 필요했다. '프리미엄 제품'의 의미와 가치를 이해관계자들에게 어떻게 수용하게 할 것인가를 고민하고 그에 부합하는 전략적 메시지를 적용시켜야 했다.

세계적인 패스트푸트 체인점 KFC가 핑크리본 캠페인(유방암 예방의 중요성을 알리고 조기 진단을 권장하는 국제 캠페인)을 진행했다. 2010년 KFC는 세계 최대 유방암 치료재단인 수전 G. 코멘(Susan G. Komen)과 함께 '버킷 포 더 큐어(Buckets for the Cure)'라는 캠페인을 진행했다. 핑크색 치킨 버킷이 팔릴 때마다 50센트씩 기부해 850만 달러(약 90억 원) 정도를 만들겠다는 목표도 세웠는데 이 캠페인은 KFC에 큰 위기를 불러왔다. 유방암을 일으키는 주원인 트랜스지방을 판매하는 KFC가 유방암 예방 캠페인을 한다는 게 위선적이라는 것이었다. 그 결과 사상 최대의 불매운동 사태를 겪어야만 했다.

기업 커뮤니케이션은 경영의 전략적 의도(Strategic Intent)를 구체적으로 실현시키는 과정이다. 전략적 메시지로 전환해 실제적인 전달, 공유, 공감, 수용, 실천을 이끌어내는 경영의 기술이다. 전략은 상황에 대한 이해에서 시작이 된다. 여기서 제일 중요하게 생각해야 할 상황이란 '이해관계자'에 대한 인식의 문제이다. 기업이 놓여있는 상황, 발생 이슈에 대한 외부의 생각, 누적되어온 루머나 관념, 이해관계자 속성, 조직 내부 부서간의 이해관계 상황, 이해관계의 정리, 인식에 대한 변화 방향, 정책, 철학, 상황, 입장, 사실, 문제 등에 대한 명확한 구분, 사안에 대한 피드백, 의사결정 시 발생될 수 있는 상황 시나리오, 커뮤니케이션 방법과 실제적인 내용, 그리고 핵심메시지 개념 등이다.

이렇게 도출한 이슈가 넓은 생각(Big Think)으로 개념화하면 전략으로 다듬어져 큰 효과를 발휘한다. 설득 커뮤니케이션의 기법들은 가설 검증과 반복 검증의 과정을 거치면서 완성도가 높아져 캠페인을 효과적으로 전략화하는 충분한 프레임을 제공해 준다. 그래서 진정성의 전략화를 이야기할 때, 설득의 기술을 잘 아는 것이 그만큼 중요하다.

설득 의 기술

: 이렇게 내 편이 된다

설득의 기술
: 이렇게 내 편이 된다

설득은 기술이다. 방법을 배우고 익히면 잘 할 수 있다. 타고난 매력으로 쳐다보는 것만으로 타인을 자신의 편으로 끌어당길 수 있는 사람도 있겠지만, 극히 드물다. 설득은 해보면 실력이 느는 기술이고, 다양한 정보를 수집해 기본틀을 탄탄히 하면 할수록 잘 할 수 있는 기술이다.

일찍이 아리스토텔레스는 에토스, 파토스, 로고스를 이야기했다. 그리스 철학에서 중요한 3개의 영역은 수사학에서, 타인을 설득하는 기술로 이해되었다. 이 3개의 개념을 현대 설득 커뮤니케이션의 영역으로 끌고 와, 설득 커뮤니케이션의 3대 영역이 만들어졌다. 발신자의 논리적 설득 전략, 수신자의 심리를 이용하는 전략, 공신력을 얻는 진정성 전략 등 3가지 영역이다.

발신자의 논리적 설득 전략
(feat. 로고스 차용하기)

아리스토텔레스의 수사학이 던져주는 메시지들을 통해 설득의 힘과 기술을 검토해 볼 때 먼저 만나는 것은 로고스(logos)이다.

아리스토텔레스는 인간은 이성적인 존재이기 때문에 무언가를 결정할 때 합리적인 이치로 설득할 수 있다고 보았다. 따라서 합리적 근거, 즉 논리와 증거를 갖추지 못하면 설득은 애초에 불가능하다. 현대사회의 예를 들자면, 경쟁 브랜드를 무작위로 비방한다고 해도 사람들은 수긍하지 않는다. 왜 문제인지에 대한 명확한 근거를 내세우지 못하면 사람들은 설득되지 않는다.

원래 로그(log)는 통나무를 의미한다. 종이가 발명되기 전에 옛사람들은 통나무에 글자를 새겨 넣었다. 여기서 비롯된 말인 'logos'는 '글, 논리'를 지칭하는데 '상대방에게 명확한 증거를 제공하기 위한 논리'를 일컫는다. 지금부터 발신자의 논리적 설득 전략, 즉 논리와 증거에 입각해 상대방을 설득해 갈 수 있다고 믿는 설득이론들을 소개한다.

문간에 발 들여놓기 전략

논리에 따라 상대를 설득하고자 메시지를 구성할 때 핵심내용을 언제, 어디에 제시하느냐에 따라 설득효과가 달라진다. 초두효과(첫인상 효과라고도 함)는 첫 부분에 오는 내용이 가장 설득적이라고 보는 것이고, 최신효과는 가장 최근에 본 것이 효과적이라는 것이다.

// 단계적 설득 이론

단계적 설득 이론은 설득 메시지를 제시하는 순서를 달리해 상대방을 설득하는 방식으로 상대방에게 작은 요청에 응하게 한 후, 이것보다 더 큰 목표 요청까지 승낙하게 만드는 방식이다. 역단계적 요청 기법, 미리 주기, 미끼 기법 등이 있다. 순차적 설득전략은 기본적으로 수용자의 일관된 태도나 행동을 전제로 한다.

선행 연구들에 따르면 아주 하찮은 부탁을 한 후, 이에 응한 경우 더 큰 부탁(목표가 되는 요구 사항)까지 제시하는 단계적 요청 기법이 효과적인 이유는 이러한 과정에서 '개입(involvement)'이 발생하기 때문이다. 즉, 아무리 작은 요청일지라도 일단 동의한 뒤에는 이전보다 그 문제에 더 많이 개입한 상태이기 때문에 이후의 요청에도 동의할 가능성이 높아진다는 것이다. 뿐만 아니라 이는 자신이 승낙하는 '행동'을 바탕으로 자신의 '태도'를 유추하게 된다는 자기지각 이론이나, '행동'과 균형을 이루려는 '태도'를 갖게 되고 이로 인해 이어지는 요청에서는 같은 '태도'와 일치하는 '행동'을 하기 위해 요청에 동의하게 된다는 인지균형 이론을 바탕으로도 설명이 가능하다.

또한 작은 요청에 응한 자신의 행동을 '요청에 응한다'는 넓은 의미로 해석했기 때문에 이와 같은 단계적 요청 기법이 효과적이라고 보는 입장도 존재한다. 단계적 요청 기법에 대한 초기 연구는 프리드맨과 프레이저(J. I. Freedman & S. C. Fraser, 1966)에 의해 이루어졌으며, 이 연구를 통해 '문간에 발 들여놓기 기법(foot in the door technique)'이라는 이름을 갖게 되었다.

▮▮ 역단계적 요청 기법

역단계적 요청 기법의 바탕 기저는 '호혜성(reciprocal concession)'이다. 일상에서 자신에게 호의를 베푼 사람에게 같은 호의를 베풀고자 하는 호혜성이 역단계적 요청 기법에서 적용되는 것이다.

처음에 상대방의 큰 요청을 거절함으로써 상대방에게 '양보'를 받은 개인이, 이 '양보'를 갚기 위해 처음에 받은 요청보다 작은 요청이라도 들어주게 되는 것이 역단계적 요청 기법의 기본 원리다. 그렇기 때문에 단계적 요청 기법을 통해 설득을 이끌어내기 위해서는 첫째, 처음 제시하는 요구 사항이 거절되어야 하며 둘째, 상대방이 두 번째 요청을 받았을 때 '양보'받았음을 지각하게 만들어야 한다. 이 같은 조건이 갖추어졌을 때 요청을 받은 사람은 거절-중재 과정을 거쳐 요청을 받아들이게 되는 것이다.

▌▌ 미끼 기법

미끼 기법은 상대방이 수용할 만한 요구 사항을 제시해 순응을 이끌어낸 뒤에 요구 사항을 바꾸어 바뀐 요구 사항 역시 받아들이게끔 하는 설득 전략이다. 인터넷 쇼핑을 할 때 상품 가격을 할인해 제시한 뒤, 최종 결제 때 배송비로 할인된 금액보다 더 많은 금액을 제시하는 경우가 미끼 기법의 예라고 할 수 있다. 이러한 미끼 기법은 단계적 요청 기법과 마찬가지로 '개입'의 원리를 활용한 설득 전략이다. 즉, 개인이 처음의 요구를 수용함으로써 이후의 요구 사항에 대한 관여도가 높아질 뿐 아니라 요구 사항을 수용해야 한다는 의무감을 느끼게 되는 것이다.

소비자의 이목을 붙들고 지갑을 열게 하는 이케아의 전략은 유명하다. 미로를 방불케 하는 전시장의 동선은 역방향이나 갈랫길을 거의 허용하지 않는다. 침실용 혹은 주방용 가구만 보러 들렀다 하더라도 목적지 앞에 줄줄이 마련돼있는 아동용이나 거실용 가구 전시장을 보지 않고 지나칠 수 없다. 전시공간에 비해 폭이 좁은 통로를 인파에 묻혀 느린 속도로 '흘러가야' 한다는 점 역시 전시된 상품과 더 많은 접촉을 이끌어내기 위해 마련된 방식이다. 좌우로 꺾여 흐름이 지체되는 모서리마다

시중가보다 싼 소형 생활용품이 대량으로 전시된다는 점 역시 판매방식의 일환이다. 양초나 행주, 주방용 시계나 방석 등 낮은 가격으로 충동구매를 일으킬 수 있는 제품들이 소비자들을 낚는 역할을 한다. 동네의 작은 슈퍼마켓, 개별적 점포에서도 자주 활용하는 방법이다.

▨ 미리 주기 기법

미리 주기 기법은 요구 사항을 제시하기 전에 상대방에게 호의를 베풀어 순응을 이끌어내는 설득 전략이다. 레건(Regan, 1971)은 복권 구입을 요청하기 전에 음료수를 제공받은 집단이 음료수를 제공받지 않은 집단보다 2배 더 복권을 구입했다는 실험 결과로 미리 주기 전략의 설득 효과를 밝혀냈다.

미리 주기는 역단계적 요청 기법처럼 '호혜성'의 원리를 적용한 설득 전략이다. 즉, 개인이 상대방으로부터 받은 호의를 되갚고자 하기 때문에 상대방이 제시한 요구 사항을 수용할 가능성이 높아진다고 보는 것이다.

▨ 문전박대 전략

문전박대 전략은 1975년에 치알디니(Cialdini)와 그의 동료들이 시행한 연구를 통해 효과가 확인되었다. 이 방법의 요지는 우선 규모가 매우 크고 약간 불합리하기까지 한 부탁을 한 다음에, 애초에 의도했던 사소한 일을 부탁하는 것이다. 부탁을 받은 쪽은 처음에 제시된 가격을 대폭으로 깎는 데 성공했기 때문에 자신이 협상을 잘해냈다고 여길 것이다. 애초에 시작점 자체가 거절당하기 위한 것이었다는 것을 모르는 채로 말이다.

이 기술을 활용할 때는 받아들이기 어려운 조건을 내세워 협상을 시작하게 된다. 이때의 요점은 제안이 거절당하리라는 것을 예상하고 있다는 점이다. 이 정도 불합리한 제안은 십중팔구 거절당할 것이고 그게 당연하다. 물론 진짜 받아들여지기를 바라는 제안이 아니다. 단지 협상하는 상대방의 머릿속에 어떤 맥락을 조성하는 것뿐이다. 진짜 목표인 실제 제안은 처음에 했던 제안보다 규모가 작다. 이렇게 규모가 큰 제안부터 내놓아서 그 제안의 불합리함에 상대방이 불합리하다는 느낌을 갖게 된다면, 두 번째 혹은 세 번째로 하는 작아진 제안에 대해서는 쉽게 합리적이라고 느낄 가능성이 커진다.

이것을 합리적인 제안으로 협상을 시작할 때의 상황과 비교해보자. 이 합리적인 제안은 약간의 저항에 부딪히거나 완전히 거부당할 수 있다. 사람들은 제안 자체의 장점을 기준으로 하여 판단하려고 하지 않는 경향이 있기 때문이다. 하지만 규모가 크고 아주 불합리한 제안으로 협상을 시작하면 상대방이 생각하는 가능성의 범위가 확대되어 뒤이어 내놓는 작은 제안이 훨씬 현실적이고 수용 가능한 것처럼 느껴지는 것이다.

가령, 연봉 협상을 할 때 말도 안 되게 높은 액수로 협상을 시작해보자. 그 제안은 물론 거절당하겠지만, 이를 바탕으로 처

음 제시한 액수보다는 적지만 당신이 애초에 원하던 실제 연봉
으로 서서히 접근해갈 수 있다. 그러면 회사 측은 당신을 상대
로 적절한 연봉 협상에 성공했다고 여길 것이고, 당신은 정확
히 자기가 원하던 것을 얻어낼 수 있으므로 양측이 모두 만족
할 수 있는 방법이다. 실생활에서 자주 활용할 수 있는 설득기
법이라 하겠다.

▌▌ 트럼프의 '파이트-백' 협상 전략

"나는 협상 테이블에서 비협조적으로 나오거나 잔머리 굴리
는 상대는 무자비하게 후려친다. 하지만 상대의 태도가 협조적
으로 변하면 잘 대해준다." 트럼프가 자신의 저서 '협상의 기술
(Art of Deal)'에서 강조하는 트럼프 협상의 첫 번째 전략이다.
트럼프 대통령은 북미 정상회담 개최가 시기적으로 부적절하
다면서 2018년 5월 전격 취소한다고 하였다. 회담을 보름 남짓
남긴 시점에서 트럼프는 북한 측이 보인 극도의 분노와 적대심

때문에 회담이 부적절하다고 언급하며 회담을 취소한 바 있다.

메시지 측면성 전략

설득하려는 사람은 긍정적 측면만 이야기할 것인지, 부정적 측면도 함께 이야기 할 것인지를 정해야 한다. 일반적으로 기업은 기업에 유리한 주장만을 내세우는 경우가 많지만, 이러한 전략은 메시지에 대한 신뢰도를 떨어뜨릴 수 있다. 메시지 측면성(sidedness)에 대한 메타 연구에 따르면 긍정적인 정보와 부정적인 정보를 모두 담은 양면적 메시지가 긍정적인 정보만 제공하는 일면적 메시지에 비해 설득 효과가 높은 것으로 나타났다(Allen, 1991).

하지만 이 연구에서 주목할 만한 부분은 메시지의 주효과가 매우 약하기 때문에 이를 설명하기 위하여 관여도, 지식수준, 부정적 정보의 양 등 측면성의 효과를 조절하는 연구가 다수 이루어지고 있다는 점이다.

자신을 옹호하는 메시지를 대중에게 커뮤니케이션 할 때 기업은 다양한 유형의 정보원을 활용한다. 기업이 스스로 정보원의 역할을 할 수도 있지만 경우에 따라서는 제3자를 정보원으로 내세우기도 한다. 이렇듯 기업과 직접적인 이해관계가 없어 보이는 외부인을 내세우는 것을 '제3자를 통한 옹호(the third party endorsement)'라고 하며 이는 기업이 활용할 수 있는 대표

노란 물고기 캠페인

"비점오염(Non-point source pollution)의 심각성을 알려야 한다!" 2005년 환경부는 4대강 유역에서 비점오염의 영향(BOD 기준)이 전체 오염물질 배출부하의 19~48%를 차지하고 있으며, 전체 오염원에서 비점오염원이 차지하는 오염부하도가 1998년 28%에서 2020년 43%까지 가파르게 증가할 것으로 예상하고 있다. 생활하수와 공장폐수 등의 점오염은 점차 감소하는 반면 도로, 산지 등 배출 장소가 불분명한 비점오염은 지속적으로 증가하고 있어 비점오염원에 대한 체계적이고 지속적인 관리 없이 수질오염 개선이 불가능한 실정임을 인식하였다.

●기획 및 전략= 정부차원의 체계적인 관리활동과 더불어 국민의 참여와 동참을 유도하는 대국민 비점오염 홍보사업이 전개되었다. 먼저 비점오염이란 낯선 용어와 직접 와닿지 않는 환경문제로 이슈화하기 어려웠다. 과제는 단기적으로 해결될 사안이 아니고 아주 장기적으로 국민들의 인식을 확보해야 했다. 따라서 10년 이상의 장기 캠페인으로 기획했고 특히 주 타깃인 어린이를 대상으로 체험 프로그램을 중심으로 구성하였다.

●프로그램= 주요 전략과제로는 인식의 연결고리 만들기, 여론의 진앙지

를 움직이기, '내'가 보고 느끼는 비점오염 등으로 정했다. 비점오염을 가시적으로 명확하게 받아들일 수 있도록 하는 연결고리가 필요했다. 그래서 '비점(非點)오염'이라는 학술적, 추상적이며 불명확한 용어를 친근하고 가시적인 '빗물오염'이라는 용어로 변경해 사용하기로 했다. 빗물오염(=비점오염)이 '비'라는 기상활동에 의해 야기되는 오염형태임을 쉽고 친근하게 알리기 위해 당시 MBC 기상캐스터였던 안혜경 씨를 홍보대사로 위촉했다. 그녀는 9시뉴스 기상코너에 비점오염 예상도를 보여줘 시청자들의 인식을 제고하는데 큰 역할을 했다.

● **여론의 진앙지를 움직여라**= '제3자 인증 효과'를 얻을 수 있는 객관적이고 권위 있는 오피니언 리더들을 통해 비점오염의 심각성을 제기하였다. 환경단체 리더, 환경관련 분야 교수, 환경전문 기자 등을 옹호자로 내세워 빅 마우스로서 비점오염이라는 화두를 제기하는데 집중하였다. 이를 통해 세미나 진행, 뉴스레터 발송, 칼럼 기고 등의 사업을 수행하였다.

● **'내'가 보고 느끼는 비점오염**= 비점오염을 더 명확하게 이해할 수 있는 다양한 체험의 장을 마련하여 국민들의 참여와 실천을 도모했다. TV, 신문을 활용한 언론홍보 및 홍보책자, 홍보동영상, 캠페인사이트 등 직접매체를 통한 홍보 활동 등 다양한 매체 활용과 대국민 홍보캠페인 전개를 통해 접점을 확대해 나갔다.

그중에서도 핵심 프로그램은 비점오염 발생 경로인 우수로(雨水路) 주변에 우리가 보호해야 할 환경을 상징하는 노란물고기(Yellow Fish) 그리기 캠페인'을 초등학교 학생을 중심으로 진행하여 그들을 통해 어른들에게까지 환경 문제의 중요성을 간접적인 체험을 통해 전달함으로써 비점오염에 대한 이해와 계몽활동을 확대해 갔다.

'노란 물고기 캠페인'은 쓰레기, 담배꽁초 등 도심의 오염물질이 빗물을 통해 우수로에 들어가 하천의 생물에 해를 끼칠 수 있다는 것을 시각적으로 알리며, 우수로에 들어가는 비점오염물질로부터 환경을 보호하자는 의미를 강조한 캠페인이다. '노란 물고기 캠페인'은 캠페인 저작도구를 캠페인 사이트에서 다운받아 전국 어디서나 소수의 학생들이 쉽게 지역별로 캠페인을 진행할 수 있도록 하여 학생들의 자발적 참여를 유도했다.

●효과= 캠페인의 첫 단계를 재미있는 시각도구를 활용하여 어린이들이 쉽게 참가할 수 있도록 함으로써 이를 계기로 장래 어른이 되어서도 환경운동을 주도할 수 있는 동기를 부여했다. 순차적 설득, 문간에 발 들여놓기 전략을 활용해 효과를 얻은 것이다.

적인 커뮤니케이션 전략 중 하나이다. 선행 연구들을 살펴보면 기업이 직접 커뮤니케이션 할 때보다 언론을 통해 간접적인 커뮤니케이션을 할 경우 메시지에 대한 긍정적 인식과 정보원에 대한 신뢰를 증가시키는 경향이 있는 것으로 나타났다.

기업은 쟁점의 향방에 따라 많은 영향을 받을 수 있는 이해관계자이기 때문에 기업이 말하는 주장은 기업의 이해를 반영하는 것으로 평가 절하된다. 반면, 제3자의 주장은 이러한 이해관계에서 상대적으로 자유로울 것이라 판단하여 객관적인 것으로 인식하게 된다는 것이다.

▟ 에이비스 '2등의 열정', 버거킹 '곰팡이 피는 버거'

1963년 미국의 렌터카 시장에서 점유율 70% 이상을 차지했던 허츠(Hertz)에 대해 2위 회사였던 에이비스(Avis)가 진행한 유명한 'No.2 캠페인'은 그 대표적인 사례이다.

1차 캠페인 'AVIS is only No. 2 in rent a cars. So why go with us?(에이비스는 2위입니다. 그런데도 소비자들이 우리를 찾는 이유는?)'에 이어 'We are number two. Therefore, we work harder(우리는 2등입니다. 그래서 더 열심히 일합니다)'라는 2차 캠페인을 전개했다. 이 캠페인이 나가자 그동안 1등 회사인 허츠의 오만한 태도에 쌓이고 쌓였던 소비자의 불만이 한꺼번에 터졌다. '그래, 허츠 어디 한번 당해 봐라' 하는 마음에 2등 회사인 에이비스로 고객들이 몰렸다. 에이비스가 내세운 2등이기 때문에 더 열심히 서비스하겠다는 약속에 소비자가 움직인 것이다.

　미국 패스트푸드 체인 버거킹(Burger King)은 대표 상품 와퍼 햄버거가 곰팡이로 뒤덮인 모습을 동영상으로 찍어 광고에 활용했다. 이를 통해 인공 첨가제를 퇴출하는 친환경적인 접근을 시도했다. 버거킹은 갓 만들어진 와퍼 버거가 34일에 걸쳐 곰팡이 등으로 망가지는 모습을 촬영한 45초짜리 동영상을 소셜미디어에 올렸다. 해당 광고에는 '인공 방부제가 없는 것의 아름다움'이라는 문구를 삽입했다.

　이와 관련해 버거킹은 미국 매장에서 향미증진제(MSG)와 고과당 콘시럽을 완전히 퇴출하고 인공색소와 향미료, 방부제가 들어간 식품 성분을 전체의 10% 미만으로 줄일 것이라고 밝혔다. 맥도날드도 소비자들의 천연 식품 선호 추세에 맞춰 2018년 빅맥 등 클래식 햄버거 7종에서 인공 첨가물을 없앴고 다른

버거킹 '인공 방부제를 쓰지 않은 아름다움' 와퍼 햄버거 광고(2020년).
34일 후 변질된 제품과 비교로 화제를 유발했다.

**기업을 살리는
설득의 기술**

식품 체인점들도 비슷한 흐름을 보이고 있다.

예방접종 전략

예방접종은 질병과 같은 균을 약하게 미리 주입해 큰 병을 막는 의료기술이다. 설득에서 예방접종 전략은 수용자들에게 기존 태도와 상반된 주장을 약한 강도로 제시해 반대주장에 대한 면역성을 갖게 해 기존 태도를 유지하도록 하는 전략이다. 소비자 의사결정의 관점에서, 예방행동은 부정적 사건이 발생하기 이전에 취하는 '사전-행동'이자, 아직 발생하지 않은 부정적 사건을 방지하기 위한 '대비-행동'이라는 점에서 중요한 의미를 가진다.

먼저, 사전-행동이 중요한 이유는 미래의 사건을 심리적으로 조망(prospect)하는 과정을 거친 이후에야 그 행동을 결정할 수 있기 때문이다. 구체적으로 백신접종의 경우, 소비자가 백신을 접종하는 것은 나중에 그 질병에 걸릴 수도 있다고 예측했기 때문이다. 만약, 소비자가 그 질병에 걸리지 않을 것이라고 예측하거나, 미래적 사건(질병의 발병)에 대해 전혀 조망하지 않았다면, 소비자가 백신을 접종할 가능성은 거의 없다. 따라서 백신접종과 같은 사전-행동은 아직 발생하지 않은 미래적 사건을 소비자들이 어떻게 조망하는지에 따라 결정되는 것으로 볼 수 있다.

화이트타이 캠페인

2005년 여성가족부는 성 매매방지법 시행 1주년을 맞아 성매매를 허용하는 문화와 인식을 개선하기 위해 '화이트타이 캠페인'을 시작했다.

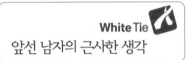

'앞선 남자의 근사한 생각'이라는 슬로건의 화이트타이 캠페인은 20~30대 남성을 중심으로 우리 사회에서 여성을 존중할 줄 아는 앞선 남자의 표상을 만들어 가는 것을 목표로 했다. 성매매, 성폭력은 여성에게 가해지는 폭력 행위이며, 이에 대해 침묵하지 않는 남성을 '화이트타이 맨'으로 상징화하여 참여를 유도했다. 성매매방지법 시행으로 국민 대다수가 성매매가 불법임을 알게 되었으나, 성매매가 뿌리 깊은 사회적 관습으로 자리 잡은 한국 사회에서 법적 실효성을 확보해 나가기 위해선 남성들 스스로 왜곡된 성문화에 대한 자각과 의식개혁이 필요하며, 이러한 의식 개선을 위해서 성매매와 성폭력이 줄어드는 올바른 성문화 정착을 위한 캠페인이 필요했다.

●캠페인 스토리텔링= 사나이로 태어나서 할 일도 많습니다. 지켜야 할 것도 많습니다. 뿐만 입니까? 하지 말라는 것도 많습니다. 남자로서 느끼는 유혹도 참 많습니다. 하지만 우리가 마지막까지 무너지지 말아야 할 최후의

마지노선. 그것은 인간 존중의 가치입니다. 성매매 특별법이 발효된 지 1년. 현재 많은 여성들이 자활센터에서 새로운 인생을 준비하고 있습니다. 선정성과 폭력성으로 멍든 우리의 성문화 속에서, 그 수많은 유혹의 순간순간 속에서, 당신이 용기 있는 선택을 한 덕분입니다. 그 선택의 순간, 당신은 인간을 생각하고, 그 존엄성을 생각하고, 또 성매매의 굴레 속에서 필연적으로 발생하는 피해자들을 생각했겠지요. 아니, 어쩌면 당신을 바라보고 있는 가족이나 연인의 얼굴을 떠올렸을지도 모르겠습니다.

●캠페인의 효과= 이 캠페인은 당시 사회적으로 성매매와 관련이 없는 남성들도 성매매나 성폭력에서 자유롭지 않음을 인정하게 하고, 향후 이를 개선해 나가자는 메시지를 던져 큰 논란이 벌어지기도 했다. 그런데, 바로 이러한 논란을 통해 과거의 성폭력 문제를 이슈화하고 처벌할 수 있는 법적인 토대를 마련하는 계기가 되었다. 만약 이 문제를 논쟁적으로 이슈화하지 않았다면 오랜 시간동안 이 문제에 대한 사회적 개선 노력이 지체되었을 가능성이 크다는 점에서 캠페인의 긍정적 효과 뿐 아니라 부정적 측면을 제기한 메시지 양면 전략의 일환이었다.

대비-행동이 중요한 이유는 미래의 부정적인 사건을 방지하기 위한 맥락에서 그 행동에 대한 의사결정이 이뤄지기 때문이다. 이에 관한 구체적인 예를 들자면, 소비자들은 어떤 질병에 걸렸을 때의 위험을 회피하기 위하여 백신접종을 고민하는 것이지, 백신을 접종하였을 때 어떤 긍정적인 결과를 얻을 수 있는지를 고민하는 것은 아니다. 따라서 나중에 언젠가 걸릴지도 모를 질병의 위험성은 소비자들로 하여금 백신접종 여부를 고민하게 하는 가장 기본적인 동인(drive)이라고 할 수 있으며, 백신접종은 질병의 미래적 위험성을 회피하기 위한 하나의 대안으로서 평가되는 것에 지나지 않는다.

　　이러한 관점에서 볼 때, 백신접종(대비-행동)은 위험-회피 처리과정(process)에 의해 결정되는 선택 과제의 전형적인 예라고 할 수 있으며, 소비자가 질병의 미래적 위험성을 높게 예

고령화 문제를 해결을 위해 공익광고협의회에서 만든 출산율 장려 포스터
출처: https://hikostat.tistory.com/2349 [통통이]

**기업을 살리는
설득의 기술**

상할수록, 그리고 백신접종이 그러한 미래적 위험을 효과적으로 회피 할 수 있는 대안이라고 평가될수록, 소비자들의 백신 접종 의도는 높아진다(김재휘, 박지영,2006). 만약, 소비자가 질병의 미래적 위험성을 지각하지 못한다면, 소비자들이 백신접종이라는 위험-회피 대안의 선택을 고려해야 할 이유가 없을 것이다.

실제적 예를 들어보자. 현재 저출산 고령화가 가져오는 사회적 위험을 예방하려는 사회적 설득과정이 활발히 진행되고 있다. 위의 포스터는 노약자석이 저출산으로 인해 다수가 되는 상황을 표현하는 공익광고. 이는 고령화의 사회적 위험을 예방하기 위한 예방접종 전략의 대표적인 사례라 할 수 있다.

비교전략

비교는 힘이 세다. 그리고 늘 논쟁적이다. 그래서 선택하기는 어렵지만, 선택하기만 하면 상당히 강한 주목을 받을 수 있는 표현전략이 비교전략이다.

▐▌ 베네통, 그 강력한 광고 효과

이탈리아 캐주얼 브랜드의 대표주자 베네통(Benetton)은 '광고로 떴다' 해도 과언이 아니다. 베네통 하면 다채로운 색상의 스웨터와 충격적인 광고를 동시에 떠올리게 된다. 죽어가는 에

손씻기·기침예절 감염병 예방 국민생활습관 개선 캠페인(2018)

2020년 한국은 물론 전세계를 위협하고 있는 코로나19 사태 이야기가 아니다. 2018년 있었던 감염병 예방 국민생활습관 개선 캠페인을 진행한 경험을 예방접종 전략의 관점에서 살펴보려는 것이다.

● 기획= 2018년 손씻기&기침예절은 WHO에서 권고하는 감염병 예방을 위한 기본 수칙 중 하나로, 미국 질병예방통제센터(CDC)는 손씻기를 '셀프 백신'이라고 할 만큼 가장 쉽고 효과적인 감염병 예방법으로 권장하고 있다. 인식은 개선되고 있지만, 여전히 실제 행동으로 이어지는 실천율은 낮은 상황. 이를 개선해 보고자 했다.

● 전략= 기존 공공기관의 홍보 방식을 탈피한 B급 감성적 메시지를 통한 사회적 관심, 실천을 제고하는 메시지 홍보를 추진했다. 손씻기는 장관감염증(A형 간염, 세균성이질 등)과 호흡기감염증(인플루엔자, 감기) 등을 예방할

수 있으며, 기침예절은 기침이나 재채기를 할 때 발생하는 분비물을 차단하는 가장 쉽고 효율적인 방법이다. 이에 '손 씻을 땐 비누로 30초 이상', '기침할 땐 옷소매로 가리고' 등의 간결하고 명확한 실천형 메시지를 활용해 실질적이고 예방적인 행동 변화를 유도했다.

●프로그램= ①유명 헐리우드 마블 캐릭터를 활용한 포스터 및 유튜버 '보물섬'과 브랜디드 콘텐츠 제작 등 1030세대를 타깃으로 한 다양한 소통 콘텐츠 개발 ②KTX 옥외광고 및 주요 병원 엘리베이터 랩핑 광고 등 대중을 타깃으로 한 활동 ③교육부 등 유관 부서 자문회의 및 유아대상 실태조사, EBS 방송제작 협찬 등의 유아 맞춤형 소통. 기존의 정보 전달형 콘텐츠와 달리 재미와 위트 요소를 담아 친근하게 국민들에게 다가갈 수 있는 소통 콘텐츠를 적극 개발하고 확산했다.

●효과= 메르스 감염병 사태 때 부족했던 콘텐츠를 대폭 보완하여 예방적 측면을 강화했다. 지속적으로 기침, 손을 통한 감염 문제를 제기하여 예방접종 활동을 전개했으며 유아를 대상으로 한 프로그램 제작 등으로 소통 타깃 확장을 이끌어냈고 인기 유튜버와 브랜디드 콘텐츠 제작, 마블 IP 포스터 제작 등 콘텐츠를 적극 개발하며, 사회적 주목도 제고에 따른 자발적 관심과 실천을 유도했다.

이즈 환자, 교미하는 흑마와 백마, 전쟁터에서 사망한 병사의 피투성이 군복 등 베네통 광고는 늘 화제와 비난을 몰고 다녔다. 베네통 광고가 사회적 이슈를 팔아먹으려는 고도의 상술이라는 원성도 있다.

"우리 광고를 누구나 다 좋아하리라고는 생각하지 않는다. 우리는 옷을 광고하지 않는다. 광고라는 의사소통 수단을 통해 우리 옷을 안 입는 고객들까지 끌어들이려 한다. 옷 없어서 옷 사는 세상이 아니지 않나. 옷장에 옷이 있으면서도 옷을 사도록 해야 한다."

베네통의 광고는 올리비에로 토스카니가 영입된 1983년을 기점으로 확실한 색깔을 갖게 되었고 전 세계 8천개 이상의 매장으로 확장되었다. 2000년을 기점으로 더 이상 새로운 것이 없다는 이유로 베네통과 토스카니는 18년간 매출 신장 15배의

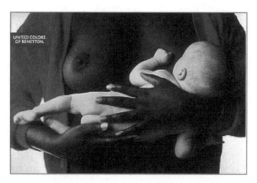

베네통 광고사상 가장 많은 수상기록을 세운 광고. 1989년 베네통은 인종 간 평등문제를 광고 주요 이슈로 선택하고 제작했다. 흑과 백의 비교, 다른 옷과 베네통의 비교를 시도한 이 광고는 뜨거운 인종 논란을 불러오면서 세계적 주목을 받았다.

**기업을 살리는
설득의 기술**

신화를 뒤로 하고 결별을 하게 된다. 이후로 더 이상 광고로 세계적인 주목을 받지는 못했지만 베네통이라고 하면 무의식에 박힌 광고를 떠올린다. 아직도 베네통은 광고의 혜택을 충분히 받고 있는 것이다.

비교전략이 효과적인 이유는 무엇보다 소비자의 정보처리 동기를 높일 수 있기 때문이다. 소비자들은 일반적으로 자신의 예상과 다른 설득 전술을 접하면, 그 전술과 정보원에 더 주목하게 된다(Ahluwalia & BurnKrant, 2004). 비교광고는 일반 광고와 달리 '경쟁자의 이름을 언급'하는 평범하지 않은 형식을 사용한다. 따라서 소비자는 비교광고에 더 주목할 수 있으며, 광고에 대한 흥미도 증가한다. 광고 내용이 강하고 설득력이 있다면 브랜드에 대한 평가나 구매의도 역시 증가한다(Chang, 2007).

그리고 비교광고는 1등이건 2등 제품이건 적절히 활용할 수 있는 광고 기법이다. 앞서 있는 제품의 경우, 특정 속성 측면(가격이나 기능, 성분 등등)에서 경쟁 브랜드보다 자사 브랜드가 더 뛰어나다고 강조하기 때문에, 해당 속성을 주요 구매이유로 고려하고 있는 소비자에게 효과적으로 차별화할 수 있다.

쫓아가는 입장에서는 연상 효과를 유도할 수도 있다. 가령 신규 브랜드는 기존 브랜드와 유사한 속성을 비교함으로써 소비자에게 두 브랜드가 서로 비슷한 브랜드라는 인식을 심어줄 수도 있다. 그로 인해 제품의 초기 시용(trial)을 증가시킬 수 있다.

또한 기존 브랜드(A콜라)도 현 제품군에서 다른 브랜드(B콜라)에 없는 차별적 특성(칼로리 제로)을 비교함으로써 효과적으로 포지셔닝을 확장시킬 수도 있다(Jewell & Saenger, 2014). 다른 한편으로 비교광고는 일반 광고에 비해 부정적 인식을 유발할 가능성이 높다. 비교광고는 노골적으로 경쟁 브랜드를 격하시키기 때문에, 정보원의 공신력을 저하시키고, 지각된 조작 의도, 광고에 대한 회의, 반박 주장 등을 증가시키기도 한다.

사람들이 광고 메시지를 접하면, 지지주장, 반박주장, 정보원 지지, 정보원 격하, 메시지와 관련 없는 생각 등 다양한 사고 (인지반응)를 하게 되는데, 이러한 반응들 중 메시지 수용에 가장 해가 되는 요인이 바로 반박주장이다(Wright, 1973). 일반적으로 비교광고는 비(非)비교광고보다 더 많은 반박주장을 유도하는 경향이 있다(Wilson & Muderrisoglu, 1980).

비교광고에서 비교 대상 브랜드는 대부분이 시장 1위다. 따라서 기존 사용자들이 많으며, 이들은 자기가 쓰는 브랜드가 성능이 떨어진다는 메시지를 접하면 반발할 가능성이 높다. 일반 소비자들도 광고주가 전적으로 진실이 아닐 수도 있는 내용을 자신의 이익추구를 위해 기존 브랜드와 과도하게 비교를 한다고 생각할 수 있다. 또한 비교 내용이 객관적으로 입증되지 않은 것이라면, 내용 자체를 신뢰하지 않을 것이다. 결국 비교광고는 일반 광고에 비해 소비자가 반박주장을 하게 될 가능성이 높다. 이때 반박주장 가능성을 감소시키는 방법 중 하나가 양면 메시지를 사용하는 것이다(Belch, 1981). 메시지 측면성

(sidedness)에 따라 찬반 내용 또는 장단점을 모두 포함시키는 양면 메시지와 자기 쪽 주장 또는 장점만을 제시하는 일면 메시지가 있다.

비교광고에서 일면 메시지와 양면 메시지의 효과를 분석한 연구(Swinyard, 1981)에 의하면, 양면 메시지는 일면 메시지보다 비교광고에 대한 반박주장 감소, 광고의 신뢰성과 메시지 수용의 증가를 이끌었다. 탁진영과 박정향의 연구(2002)에서도 비교광고의 양면 메시지가 일면 메시지보다 높은 설득효과가 있는 것으로 나타났다. 그 외에 비교광고에서는 양면 메시지가 더 효과적이라는 연구들이 다수 있다(Gorn & Weinberg, 1984; 2003 문재학, 2012).

부모님 입으로 전해지는 '엄친아·엄친딸'의 무용담에 치를 떠는 고3수험생들, TV 속 여배우의 라인을 보고 눈이 풀린 남편에 눈 흘기는 아내들, 동창회에 다녀온 아내의 친구 남편의 성공스토리에 속이 타는 남편들, 같은 반 친구와의 힘겨루기로 얼굴에 상처가 난 자식에 한숨짓는 부모님들. 타인과의 비교나 싸움은 결코 유쾌한 일이 아니다. 그러나 '남 얘기'가 되면 다르다. 비교만큼 쉽고, 명확한 설명을 찾기 힘들고, 싸움만큼 재밌는 구경거리가 없다.

비교광고는 자사 브랜드나 제품을 돋보이게 하기 위해 동종업계의 경쟁 브랜드나 제품과 비교함으로써 광고효과를 극대화시키는 것을 의미한다. 최근에는 단순한 비교를 넘어 상대를 살짝 비꼬면서 보고 듣는 이로 하여금 재미를 유발하도록 하는 유형의 광고를 '디스(Disrespect)광고'라고 칭한다. 디스광고를 포함한 넓은 의미의 비교광고는 이미 다수의 글로벌 브랜드가 시도해 흥행을 이끌어 내는 데 성공했다.

경쟁사에 거침없이 돌직구를 던지며 자사의 제품이나 브랜드를 홍보하는 비교광고는 미국과 유럽 국가들에선 일찍부터 효과적인 광고기법으로 자리 잡았다. 특히 미국의 경우 1972년 비교광고가 허용된 이후 기상천외한 아이디어를 담은 다양한 광고가 쏟아져 나오며 하나의 문화 트렌드로까지 인식되고 있다.

▕▎ 코카 vs 펩시, 단식 vs 단식

수십 년 넘게 '유쾌한 전쟁'을 치르고 있는 코카콜라와 펩시가 대표적이다. 서로의 광고를 패러디 하는 것은 기본. 상대방 회사의 트럭을 운전하면서 자사의 콜라를 즐기는 직원의 사진을 마케팅에 활용하며 보는 이로 하여금 웃음을 유발한다.

2018년 더불어민주당원 댓글조작 사건의 진실 규명을 요구하는 이른바 드루킹 특검 도입을 요구하며 7일째 단식 중인 김성태 자유한국당 원내대표의 건강이 급속도로 악화됐다. 이날 김 원내대표가 상의를 들어 올린 채 누워 있거나 눈에 띄게 무기력해진 모습이 취재진의 카메라를 통해 보도되자 온라인에서는 '단식의 품격'이 화제가 됐다. 김 원내대표의 단식을 계기로 문재인 대통령의 단식도 재조명되고 있다.

문 대통령은 단식에 앞서 페이스북을 통해 '세월호 유족이 목숨을 걸고 이루고자 하는 특별법 제정과 진상규명, 이제 우리가 나서야 한다. 거기에 고통이 요구된다면 그 고통을 우리가 짊어져야 한다'면서 '그러기 위해 저는 단식에 들어간다. 김영오 님을 비롯한 유족들의 단식 중단을 간곡하게 호소한다. 제가 대신하겠다'고 밝혔다.

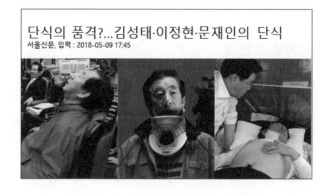

문 대통령은 김영오 씨가 46일째 단식을 중단하자 10일간의 단식을 마무리했다. 당시 보도사진 가운데 문 대통령이 취재진 앞에서 누워 있거나 흐트러진 자세를 보인 사진은 찾을 수 없다.

단식의 품격이라는 관점에서든, 단식의 진정성이라는 관점에서든 정치현장에서 비교되는 장면이 연출되었고, 시시때때로 자기에게 유리한 관점에서 적절한 비교 광고로 활용되는 것이 현실이다.

전문가효과 전략

기업들이 위기 이슈가 발생했을 때 직접 해명하고 반박하는 것 보다 제3의 전문가를 동원해서 설명하고 오해를 해소하는 것이 매우 효과적인 위기 수습 방법이다. 이 제3의 전문가는 사전에 섭외되어 위험 이슈에 대해 충분히 스터디하고 전문가적 식견을 가지고 회사를 위해 운용될 비용과 편익을 충분히 제공할 수 있는 사람으로 준비되어야 한다. 사람들이 나중에 그 전문가가 돈을 받고 해명했다는 사실을 알면 반감만 사지는 않을까, 걱정하기도 한다. 그러나 그렇지 않다는 것이 전문가들의 공통된 의견이다. 심리학자들에 따르면 사람들은 보통 '근본귀인오류'라고 부르는 실수를 저지른다. 즉 우리는 누군가의 행동을 관찰할 때, 그러한 행동을 하게 만든 상황적 요인(돈을 받

**기업을 살리는
설득의 기술**

기로 하고 한 행동 등)을 충분히 고려하지 않는 경향이 있다는 것이다.

▟ 영창악기의 피닉스 기타 엔도서 마케팅

영창악기는 기타 브랜드 피닉스(fenix)의 엔도서(endorser) 마케팅을 강화하여 큰 효과를 보았다. 엔도서 마케팅이란 대중적인 유명 뮤지션에게 자사의 악기를 제공하고, 공식사용 계약을 체결하는 홍보활동을 말한다. 영창악기는 서울예술종합학교 겸임교수이자 그룹 '시나위'의 리드보컬이었던 김바다와 피닉스 기타 엔도서 계약을 맺고 공식 활동 지원에 나섰다. 또 그룹 위치스(Witches)의 리드보컬이자 기타리스트 하양수와 공식 계약을 맺었으며, 신촌블루스 출신 유명 기타리스트 김병호와도 엔도서 계약을 맺어 기타 제공과 홍보활동을 진행한 바 있다.

피닉스 기타는 보급형부터 전문 뮤지션용까지 다양한 제품군으로 구성됐으며, 특히 새롭게 더해진 고급 라인은 스페인 공법과 최고급 재료 사용으로 최고의 품질을 자랑한다. 이런 공세적 광고전략을 통해 피닉스 기타의 2011년 국내 매출은 전년 동기 대비 295% 상승했으며, 판매 수량 또한 285% 이상 증가해 1만 대를 넘어섰다. 이는 오랜 기간 최상급 원자재 수급과 고급 제조기술 습득의 준비과정과 함께 전문 뮤지션들에게 긍정적인 평가를 얻어낸 것이 유효했다는 것이 영창악기의 설명이다.

▌▌ 롯데백화점의 인플루언서 마케팅

최근엔 인플루언서 마케팅이 각광을 받고 있다. 일반인이 온라인 스트리밍, SNS를 통하여 자신들의 저명성을 쌓고, 이를 이용하여 수익을 얻는 구조가 뜨게 되면서 아예 신종 직업으로도 각광받게 되는데 이들을 인플루언서라고 한다.

중국의 경우 온라인 유명인사를 뜻하는 '왕홍(網紅)'은 경제 유발효과가 연간 1천억 위안(18조원)에 달할 정도다. 왕홍은 웨이보, 텐센트 등 중국 SNS에서 최소 50만 명이상의 팔로워를 보유해 막강한 영향력을 자랑한다.

국내 주요 유통업체들도 인플루언서와의 협업을 늘리고 있다. 롯데백화점이 서울 소공동 본점 2층에 연 인플루언서 여성 의류 브랜드숍 '아미마켓'은 월평균 1억 5천만원 이상의 매출을 올리는 기염을 토했다. 아미마켓은 개장 당시 '바이미나', '에스실', '컬러풀디엔에이' 등 3만명 이상의 팔로워를 가진 인플루언서들과 함께 시작했으며 34개의 인플루언서 브랜드를 선보였다.

롯데백화점은 오프라인 인플루언서 매장이 좋은 반응을 얻자 온라인 인플루언서 쇼핑 플랫폼 '네온'을 2018년에 열었다. 네온에서는 인플루언서의 일상과 콘텐츠를 소비자가 공유하고 상품 구매와 상담, 배송 등 모든 구매 과정을 원스톱으로 할 수 있다. 네온은 40명 정도의 인플루언서가 참여하고 있으며, 네온 단독 기획상품 50개를 포함해 총 1천개가 넘는 상품을 판매하고 있다.

▟▊ 오메가의 엔도서 마케팅

오메가(Omega)는 스포츠 브랜드로 포지셔닝하기 위해 스포츠 선수 후원, 올림픽 등 스포츠 경기 후원을 통해 가장 적확한 성능이 필요한 곳에서 오메가의 진가를 드러내고 싶어했다. 또 오메가를 개척 정신이 충만한 브랜드로 포시셔닝하기 위해 NASA를 후원하는 등 우주 탐험과 같이 파이오니어 이미지를 키워가는 전략을 선택했다.

엔도서 마케팅(endorser marketing)은 명품 브랜드에서 제일 흔하게 사용되는 방법으로 오메가의 엔도서 마케팅이 새삼스러운 것은 아니다. 그럼에도 불구하고 오메가의 경우에는 눈여겨 봐야할 부분이 분명히 있다.

오메가 엔도서 마케팅의 첫번째 특징은 콜라보에 가까운 엔도스먼트라는 점이다. 이는 단순한 광고 모델로 활동하는 것이 아닌 '신디 크로포드의 선택(Cindy Crawford's Choice)', '조지 마이클의 초이스(George Clooney's Choice)', '니콜 키드먼의 선택(Nicole Kidman's Choice)' 같은 형식으로 콜라보에 가깝게 엔도스먼트를 최대한 활용하고 있다. 여기에는 조지 클루니, 그렉 노먼, 니콜 키드먼, 신디 크로포드, 장쯔이, 심지어 제임스 본드까지 출연한다. 스포츠 스타로 마이클 펠프스, 마하일 슈마허

P&G '페브리즈 화장실용' 신제품 출시

페브리즈 화장실용 신제품을 출시한 P&G는 인플루언서들을 활용해 화장실 냄새의 근본원인에 대해 퍼뜨리고, 그 해결책으로서의 자사 제품을 내세웠다.

● 기획= 지금까지 시장에 출시된 화장실 탈취제 제품은 화장실 냄새를 향으로 덮는 형태로, 근본 원인을 해결해주지 못하는 상황이었다. P&G는 연구를 통해 화장실의 불쾌한 냄새 재발 원인이 바로 화장실 수건, 변기커버, 샤워커튼 등의 부드러운 표면에 스며든 냄새 분자들 때문이란 것을 밝혀내고 그 해법으로 페브리즈를 내세웠다.

● 전략= 단계별로 주요 타깃인 주부와 1인 가구에게 영향력이 높은 파워 블로거와 유튜브 크리에이터, 인플루언서, 전문가 등을 활용한 이슈 확산을 유도했다.

● 프로그램= MBC 오늘의 아침, SBS 스브스 뉴스 같은 공중파 채널을 통해 화장실 냄새의 근본 원인과 해결방안에 대한 콘텐츠를 제작했다. 이렇게 제작된 콘텐츠의 추가 확산을 위해 주부, 1인 가구 파워 블로거를 활용한 리뷰 콘텐츠를 제작하며 신뢰도 높은 정보 제공과 확산을 유도했다. 또한 유튜브 크리에이터와의 협업을 통해 브랜디드 콘텐츠 제작, 생활정보 SNS 채널 플랫폼으로의 추가 확산을 위한 광고를 집행하며 '화장실 상쾌 혁명'에 대한

공감 및 확산을 유도했다. 이와 함께 욕실문화 공간인 〈로얄라운지〉에서 인플루언서를 초청한 신제품 출시 간담회를 개최했다. 간담회에서는 화장실 냄새 발생원인, 제거 및 재발 방지에 대한 실험을 통한 과학적 입증을 해 보였고, 그 정보를 적용한 인플루언서가 실제로 화장실에서 리뷰 콘텐츠를 제작토록 했다.

또한 1인 가구는 물론, 2030 젊은 주부들의 활용 빈도가 높은 새로운 리빙, 인테리어 정보, 커머스 플랫폼과의 콜라보레이션을 통해 전문가 리뷰 콘텐츠를 생성했다. 이를 통해 제품 기능성 및 효과에 대한 신뢰도를 제고하며 실질적인 구매로 이어지도록 했다.

●효과= 캠페인 활동 시점 이후 '페브리즈 화장실용' 키워드가 '페브리즈' 대비 약 1.5배 이상의 높은 검색률과 클릭률을 기록, 진행 결과 초기 KPI 1200만 클릭에서 1311만 3235클릭의 놀라운 신장세를 기록했다.

등도 포함되어 있다. 이들은 각 분야에서 일가를 이룬 사람들. 그리고 어느 정도 럭셔리한 느낌을 주는 사람들이다. 이들과의 장기간에 걸친 엔도스먼트를 통해서 오메가의 브랜드 이미지를 만들어가는 전략이다.

거짓말 전략

사람들은 모두 거짓말을 한다. 그래서 세상엔 거짓말로 넘친다. "어머 너 왜 이렇게 예뻐졌니?" "배달, 방금 출발했어요" "정말 밑지고 파는 거예요" "딱 한잔, 목만 축였습니다"……. 누구나 언제든 거짓말을 한다. 정직을 생명으로 하는 의사들도 빠지지 않는다. 눈 하나 꿈쩍 않고 태연히 위약(placebo)을 처방한다. 실상이 이렇지만, 대개의 거짓말들은 무해하거나 그러려니 하고 웃어넘길만하다. 이런 수준의 거짓말은 관계를 만들고 유지시키는 윤활유 역할을 한다고 말하는 사람도 있다.

거짓말 전략은 의도적으로 진실이 아닌 표현을 함으로써 자신의 체면을 유지하고 개인적 관계와 사회적 영향력을 유지하려는 설득 전략이다.

▟ 트럼프의 '크게 하는 거짓말'

미국 대통령 도널드 트럼프는 거짓말에 있어 그 누구보다 당당하다고 알려져 있다. 한쪽에 가서는 이렇게 말하고 다른 쪽에선 또 다르게 말했다. 거짓말이 들통 나도 전혀 무안해하거나 미안해하거나 변명하지 않았다. 단지 상황에 맞게 둘러댈 뿐이었다. 공화당 예비경선 때 마코 루비오는 트럼프를 '사기꾼(con artist)'이라고 불렀다.

선거전에서 '위키리크스'는 힐러리 클린턴 캠페인 진영의 이메일을 해킹해서 연일 공개, 미 정보국과 국방부의 배후에 러시아가 있음을 거듭 밝혀냈다. 클린턴은 반박 논리로 러시아 블라디미르 푸틴이 선거에 영향을 주기 위해 이를 지시했고 트럼프의 스파이 행위 가능성을 들고 나왔다. 이에 대해 트럼프는 자신은 푸틴을 만난 적도 없고 알지도 못한다고 오리발을 내밀었다. 하지만 2013년 한 매체와의 인터뷰에서 푸틴과 사업 관계에 있다고 언급했고, 2014년 한 연설에서는 푸틴과 직간접적으로 이야기를 나눴다는 영상 등이 퍼지면서 스스로 거짓말임을 입증한 셈이 됐다.

트럼프는 거짓말도 크게 하면 돈도 벌고, 설령 깡그리 잃더라도 어떻게 해서든지 돈을 받아내려 하는 빚쟁이들 덕에 파산하지 않는다는 사실을 경험적으로 알고 있었다. 이른바 대마불사의 딜레마를 일찌감치 깨달은 것이다. CNN의 트럼프 다큐멘터리를 보면 트럼프는 1991년과 1992년 사이에 파산보호신청만 4번 하면서 천문학적 빚더미에 앉았다. 그런 트럼프를 살려준 것은 바로 채권자들이었다. 은행 등 채권자들은 그가 무너지면 자신들이 담보로 하는 건물가치가 하락할 것을 두려워해 파산시키지 않았다. 2004년 다시 파산한 트럼프는 이후 빚내서 건물을 올리는 대신 자신의 이름을 프랜차이징 하는 방식으로 사업을 바꿨다. 빌딩과 카지노, 그리고 골프장에 이름을 빌려주면서 돈을 챙기는 이른바 부동산계의 맥도날드가 된 셈이다. 이를 통해 자기 이름에 걸린 브랜드 가치를 계속 높여야만 빚더미 속에서도 억만장자 행세를 할 수 있다는 것을 알았고, 공화당 후보 경선 때 제프 부시나 마코 루비오 등 그의 라이벌들은 이 점을 물고 늘어졌다. 클린턴 역시 대선 토론 1차전을 전후해 그 부분을 집중 부각시켰다.

정적들의 공격에도 트럼프는 비즈니스 이력을 부인하는 대신 '영리한 사업적 선택'이었다면서 빠져나갔다. 위기에 몰렸던 트럼프를 기사회생시키고 대통령 후보로까지 만들어준 것은 2004년 미 NBC에서 시작한 '더 어프렌티스'라는 프로그램이다. 이 방송으로 트럼프는 브랜드 가치를 올리게 되고 급기야 쇼 비즈니스계의 대형스타로 대접받게 된다.

▟ 만우절 마케팅

매년 4월 1일이면 기업들이 앞다투어 만우절 마케팅을 실시한다. 버거킹은 만우절을 맞아 초콜릿 와퍼를 출시했다는 거짓말 마케팅을 진행했지만 소비자들은 다른 반응을 보였다.

버거킹은 2018년 신제품 '초콜릿 와퍼'의 비주얼을 담은 CF

영상을 공개했다. 영상 속 초콜릿 와퍼는 초콜릿 케이크로 만든 버거 번과 버거킹만의 직화 방식으로 조리해 달콤하고 진한 초콜릿 맛이 그대로 느껴지는 초콜릿 패티로 극강의 비주얼을 자랑했다. 여기에 신선한 양파를 연상시키는 화이트 초콜릿링, 피클 모양의 초콜릿, 설탕에 졸인 블러드 오렌지, 소스를 연상시키는 라즈베리 시럽과 바닐라 프로스팅 등 와퍼를 구성하는 주요 재료들이 완벽하게 어울렸다.

버거킹의 '초콜릿 와퍼' 온라인 CF는 공개되자마자 소비자들의 폭발적인 관심을 받아, 영상 공개 하루 만에 조회수가 43만을 돌파했다. 버거킹 공식 페이스북 게시글에는 2만 개에 가까운 댓글이 달리며, 버거 마니아뿐 아니라 초콜릿 마니아들까지 이색 신메뉴에 대한 기대감을 드러냈다. 버거킹 마케팅팀 담당자는 "만우절을 맞아 소비자들에게 색다른 즐거움과 재미를 선사하고자 이번 '초콜릿 와퍼' 영상과 이벤트를 기획하게 되었다"며, "버거킹의 '초콜릿 와퍼' 출시 소식으로 많은 분들이 즐거운 시간을 가졌길 바라며 앞으로도 소비자들에게 버거킹다운 즐거움을 선사할 수 있도록 노력하겠다"고 말했다.

국내 만우절 마케팅의 선두주자 팔도는 장난으로 선보인 팔도 비빔장, 비빔밥을 실제로 출시했다. 삼성전자는 코스메틱 사업 진출을 알리며 코어 제품을 노출하고, 소비자는 삼성의 향기를 상상해보는 재미를 누렸다. 국내 소셜커머스 티몬은 만우절 세일 이벤트에서 파격적인 상품과 가격으로 일 매출 역대 신기록을 경신했다. 만우절 마케팅은 '거짓말도 허용된다'라는 공감대로 브랜드 인지도와 호감도 상승이 가능하지만, 적절한 수위 조절이 필요하다.

수신자의 심리를 이용하는 전략 (feat. 파토스 차용하기)

아리스토텔레스의 파토스는 설득 커뮤니케이션의 영역에서, 듣는 사람의 심리상태를 말한다. 상대방의 심리 또는 감정 상태는 설득에 큰 영향을 미친다. 기쁘고 호감을 느낄 때의 판단은 고통과 적의를 느낄 때의 판단과 같지 않기 때문이다. 심리는 감성과 관련이 있는데 감성은 정서(emotion), 감정(affect), 느낌(feeling), 분위기(mood) 등을 총칭해 부르는 일반적인 개념이다.

'누군가에게 부탁하러 갈 때 오전 11시 30분보다는 오후 1시 30분에 가는 것이 좋다고 한다. 사람은 일반적으로 배가 고플 때 신경이 날카로워지지만 포만감을 느끼면 관대해지는 경향이 있다'는 설득과 관련한 유명한 이야기도 상대방의 심리상태, 즉 파토스를 고려하라는 말이다. 그만큼 받아들이는 사람의 심리상태가 중요하다는 뜻이다.

이제부터 정서, 감정, 느낌, 분위기 같은 감성과 관련된 심리 상태를 설득 커뮤니케이션에 이용하는 방법 혹은 전략들을 소개한다.

즐거움을 이용하는 전략

즐거움·웃음의 가장 중요한 특징 중 하나가 전염성이다. 누군가 웃으면 따라 웃는다. 기분 좋은 사람 옆에 있으면 저절로 흐뭇한 미소가 지어진다. 나의 즐거움이 타인의 즐거움으로 연결된다. 즐거움·웃음의 또 다른 특징 하나는 보편성이다. 문화와 언어가 다른 외국영화를 보고 웃을 수 있고 세계 어디서나 미소로 소통할 수 있다. 그리고 즐거움·웃음은 사회적이다. 혼자 있을 때보다는 다른 사람과 있을 때 더 웃게 된다.

유머는 사람들에게 즐거움을 주어 정서적 호감을 끌어내는 역할을 한다. 리트먼(Littmann, 1983)은 즐거움이 유머의 중요한 효과임을 주장했으며 오퀸과 아로노프(O'quin & Aronoff, 1981)는 유머는 긴장을 줄이고 과제의 즐거움을 증가시킨다고 주장하였다. 즉, 유머는 메시지를 향한 반발과 수용자의 방어적 반응을 극복하도록 하는 효과적 수단이라고 볼 수 있다. 유머 수용자와 인구통계학적 변인들과의 연관성을 조사한 하셋과 홀리안(Hasseett & Houlihan, 1979)의 연구 결과에 따르면 여성보다 남성이, 젊은 층보다 노년층에서 유머를 선호하며 사회적으로는 적극적 · 외향적이고 지능지수가 높으며 쾌락을 추구하는 사람이 유머를 선호하는 것으로 나타났다. 이와 비슷한 맥락으로 매든과 웨인버거(Madden & Weinberger, 1982)는 여성보다 남성이, 젊은층-전문직-고학력층일수록 유머 소구가 효과적이라는 연구 결과를 제시하였다.

유머의 힘을 활용한 광고의 특성을 정리해 보면, 첫째, 유머광고는 소비자의 호감도를 상승시키고 친근감을 느끼게 하며 비(非)유머 광고에 비해 오랫동안 기억된다(Sternthal & Craig, 1973). 둘째, 유머 광고는 수용자의 주의를 끄는 데 효과적이다(Speck, 1987). 수용자가 많은 양의 광고에 노출이 될 경우에 광고 자체에 불쾌감을 느껴 광고 회피현상을 일으킬 수 있는데 유머 광고는 이러한 반감을 중화시킴과 동시에 수용자의 주의를 끌어 노출 증대의 이점을 가진다. 셋째, 유머 소구가 지나치면 오히려 비호의적인 수용자에게 거부 반응을 일으킬 수도 있으며 이는 광고를 이해하는 데 어려움을 초래할 수 있다. 따라서 적절한 소비자를 선정해 어필해야 한다(이철영 · 홍영일, 2009). 넷째, 유머 광고는 서비스와 소비재 광고에는 빈번하게 사용되는 반면, 산업재와 기업 광고에는 유머소구가 적합하지 않아 사용이 기피된다.

▟ 코카콜라 해피 머신 캠페인

코카콜라는 탄산음료 논쟁에서 이길 수 없다는 것을 알고 즐거움, 행복 같은 감성적인 접근으로 커뮤니케이션 전략을 전환했다. 대표적인 것이 행복(happy) 캠페인이다. 그의 일환으로 시작된 '해피 머신(Happiness Machine)' 스토리텔링은 코카콜라의 자판기 시리즈다. 첫 번째 자판기인 '해피 머신'은 이름 그대로 사람들에게 행복을 주는 기계다. 자판기는 끊임없이 사람들을 놀래키고, 행복한 선물을 나눠준다.

겉보기에는 평범한 코카콜라 자판기인데, 동전을 넣고 음료수를 선택하면 마법 같은 일이 일어난다. 코카콜라 하나만 뽑으려고 했는데, 계속해서 코카콜라가 나오는데 들고 있기도 힘들어 어쩔 수 없이 주위사람들에게 코카콜라를 나눠줘야 하는 상황이 연출된 것이다.

'해피 머신'은 코카콜라 음료수뿐만이 아니고 사람들에게 다양한 기쁨을 준다. '해피 머신'에서 꽃 한 다발이 나온다. 꽃을 받고서 기뻐하는 사람들. 또 어떤 때는 친절하게 직접 코카콜라를 잔에다 따라주기도 한다. '해피 머신'은 계속해서 풍선 강아지도 만들어주고, 피자도 준다. 이름 그대로 정말 행복기계다. 주위 사람들이 도와주지 않으면 들기조차 힘든 대형 햄버거가 첫 번째 마케팅의 백미로 꼽힌다.

코카콜라의 두 번째 자판기는 '프렌드쉽 머신(Friendship Machine)'이다. 말 그대로 친구와 함께하지 않는다면 코카콜라

를 마실 수 없다. 돈이 없어서도 아니고, 코카콜라가 없어서도 아니고, 혼자 힘으로는 닿을 수 없는 높은 곳에 코카콜라가 있기 때문이다. 세 번째 자판기는 '허그미 머신(Hug me Machine)'이다. '허그미 머신'은 이름 그대로 자판기를 한번 안아주면 코카콜라가 나오는 특이한 장치의 자판기. 이 바이럴 동영상은 코카콜라의 해피 캠페인을 표현하는 하나의 도구로 유튜브를 통해 전세계에 퍼져 나갔다.

호감을 이용하는 전략

사회학자 랜디 가너(Randy Garner)는 포스트잇에 글을 써서 부탁하면 다른 사람의 마음을 움직이는데 도움이 되는지 알고 싶어 실험을 했다. 설문지를 작성해달라는 부탁을 하면서 포스트잇의 효능을 알아봤다. 요청을 적은 포스트잇을 붙인 경우 설문지를 작성해 준 사람은 69%였고, 아무것도 적지 않은 포스트잇을 붙인 것은 43%, 포스트잇을 아예 붙이지 않은 것은 34%에 그쳤다. 이 실험에서 가너가 내린 결론은 사람들은 별도로 들어간 노력과 개인적인 정성을 인정해 준다는 것이다. 또 하나, 포스트잇 메시지를 받은 사람들은 좀 더 빨리 설문지를 작성했고 더 자세하고 신중하게 질문에 답했다는 통계도 얻었다. 그리고 연구자가 자기 이름을 적거나 '고맙습니다!'란 말을 덧붙이는 식으로 개인적인 느낌을 더 가미한 경우에는 설문 응답률이 치솟았다고 한다. 개인적인 정성을 많이 표현할수록 부탁을 들어줄 확률이 높아진다는 것을 입증한 것이다.

사람들은 자신과 미묘하게 연관된 것들에 대해 특별히 긍정적인 느낌을 받는 경향이 있다고 심리학자들은 말한다. 이는 옥스퍼드대 임상심리학 교수 대니얼 프리먼(Daniel Freeman)의 호감의 법칙으로 설명할 수 있다. 프리먼 교수가 제안한 '호감의 법칙'들을 살펴보면, 첫째는 가까이 있어야 애정이 싹트는 법이니 자주 만나 관계를 돈독히 하는 것이다. 둘째는 스마트한 외모 유지하기, 셋째는 공감도 높이기, 넷째는 자신을 좋아한다고 믿게 만들기 등이다. 즉 근접성, 외모, 유사성, 상호성이 호감을 갖게 해주는 중요한 요소인 것이다. 프리먼의 '호감의 법칙'을 좀 더 일상적 영역에서 들여다보자.

안다르 '모두의 레깅스' 브랜드 캠페인

즐거움을 이용하는 전략. 여성을 한정적으로 규정해온 기존의 레깅스 광고와 달리, 모두의 레깅스, 모두가 즐기는 레깅스로서의 '안다르' 제품을 포지셔닝하는 마케팅 방법을 진행했다.

● 기획= 2030세대를 중심으로 운동(athletic)과 여가(leisure) 요소를 결합한 '애슬레저' 시장이 전성기를 맞이하면서 운동에 적합하면서도 일상에서도 편안하게 입을 수 있는 의상, 애슬레저룩이 관심을 끌고 있다. 이 시장의 가장 핫한 아이콘은 28세에 창업해 매출 400억을 달성한 안다르(andar)의 신애련 대표다. 안다르는 전반적으로 낮은 브랜드 인지도부터 고유의 헤리티지 부재, 브랜드 스토리에 대한 전달력 전무(全無) 등 과열되는 시장 속에서 확실한 우위를 선점할 수 있는 요소가 부족하다는 평가를 받았다. 이를 뒤집는 전략을 마련해야 했다.

● 전략= 기존 패션 포워드 액티브웨어는 예뻐야 하고, 날씬해야 한다는 편견 속에 여성의 이미지를 한정적으로 정의하는 것에서 탈피해 '모두의 레깅스'라는 브랜드 캠페인을 전개했다. 안다르를 통해 일상 속 행복을 느낄 수 있다는 'Stretch your story'라는 브랜드 메시지와 함께 '바디 포지티브(Body Positive)' 철학을 담아 여성들의 임파워먼트가 느껴지는 스토리를 구성했다.

● 프로그램= 브랜드 캠페인 영상에는 열정적인 춤을 추며 건강한 여성상을 보여준 플러스 사이즈 모델부터 축구와 라이딩을 즐기는 여성, 나이 제한 없이 도전하는 시니어 모델 등 '모두의 레깅스'라는 캠페인 이름에 맞게 몸매, 나이 등에 구애 받지 않는 자연스럽고도 당당한 여성들의 모습을 담아냈다. 또한 출연 배우 인터뷰를 통해 안다르 철학 및 브랜드 방향성을 전달하며 제품의 멋이 아닌 도전을 강조하는 여성의 이미지를 부각시켰다.

● 효과= '모두의 레깅스' 캠페인은 타깃 연령을 '모두'로 하며 자신의 몸을 있는 그대로 사랑하자는 '바디 포지티브' 메시지를 효과적으로 전달, 브랜드에 대한 선호도 구축 및 친밀감을 형성하는 데 기여했다. 특히 일생생활 속에서 안다르와 함께 더욱 당당하게 행복을 느낄 수 있다는 스토리는 많은 여성들의 공감을 이끌어내며, 트렌드에 맞춰 발전하고 변화할 줄 아는 애슬레저 리딩 브랜드로서의 면모를 확실히 했다.

▌▌ 가까이 있어야 애정이 싹튼다

남녀관계든 그 밖의 인간관계든 좋아하고 사랑하게 되는 과정에서 가장 중요한 요소는 근접성이다. 예를 들어 대학교 기숙사에 거주하는 학생들 중 같은 층에 사는 학생들이 다른 층에 사는 학생들보다 친하게 지낼 가능성이 훨씬 크고, 옆방에 사는 학생이 한 방 건넛방에 사는 학생보다 친해질 확률이 거의 두 배나 높다. 이는 근접성과 우정의 상관관계가 얼마나 높은지를 보여준다. 근접성이 이토록 강한 영향을 미치는 이유는 정기적으로 누군가를 만나다 보면 금방 친해지게 마련이기 때문이다. 게다가 대부분의 사람들은 낯선 것보다 낯익은 것을 선호하는데, 그래야만 주변 환경을 제대로 판단할 수 있다고 느끼기 때문이다.

▌▌ 근사한 외모에 끌린다

매력적인 외모는 사실 여성에게든 남성에게든 모두 중요하다. 미의 개념은 문화나 시대에 따라 조금씩 다르긴 하지만, 남성이든 여성이든 모두 좌우가 대칭을 이루고 균형이 잡힌 '보통의' 생김새를 갖춘 상대를 원하게 마련이다. 특히 외모는 여성보다 남성에게 성적으로 훨씬 강력한 매력으로 작용한다. 진화심리학자 데이비드 버스(David Buss)는 세계 각국의 1만여 명을 대상으로 설문조사를 한 결과, 남성은 외모에 아주 높은 비중을 두는 반면 여성은 성실하고 야심만만하고 금전적으로 성공한 사람을 배우자로 원한다는 점을 입증해 냈다.

// 비슷한 사람에게 친밀감을 느낀다

예외가 있긴 하지만 대부분의 사람들은 지능, 사회계층, 성격, 인종적 배경, 외모, 심지어 체중까지 자신과 비슷한 사람에게 끌린다. 또한 비슷한 연배의 사람을 좋아하는 경향이 있다. 근접성과 외모 다음으로 호감을 느끼는 강력한 요인 중 하나가 바로 유사성이다. 그 이유는 현실적인 인식이 작동하기 때문이다. 예컨대 눈부시게 멋진 사람과 사귀길 바라지만 그런 일은 여간해서는 벌어지지 않기에 거절당할 위험을 무릅쓰는 대신 데이트 신청을 받아들일 거라고 믿는 상대에게 다가가게 된다는 것이다. 무엇보다도 자신과 비슷한 사람을 선호하는 것은 긍정적인 본능이다. 서로 닮았다는 것은 공유하는 경험이 많다는 것이고, 이는 친밀한 관계를 더욱 쌓을 수 있다는 뜻이기도 하다. 행복한 관계는 대개 차이점이 아니라 공통점을 바탕으로 맺어지게 마련이다. 게다가 사람들은 유사성 덕분에 상대에게 끌릴 뿐 아니라 자신의 존재까지 긍정적으로 보게 된다.

// 자기를 좋아해주는 사람이 더 좋다

심리학 실험에 따르면, 상대방이 자신을 아주 좋아한다는 거짓정보를 전달받은 사람들은 상대방이 자기를 좋아하지 않는다는 거짓정보를 전달받은 사람보다 훨씬 온화하고 호의적인

마이카페라떼 '럽밍아웃' 캠페인

친밀감 있는 브랜드 이슈를 활용하고, 고객들간의 상호성이 촉발되도록 해 실제적 효과를 얻은 마이카페라떼 마케팅의 실제 사례이다.

● 기획= 국내 최초 RTD 컵커피 마이카페라떼는 오랫동안 '사랑한다면 카페라떼처럼'이라는 메시지를 통해 브랜드 자산인 '사랑'과 '부드러움'을 잘 반영한 제품으로 포지셔닝하고 있다. 2017년에는 비수기인 동절기를 맞아 새롭게 출시한 '카페라떼 윈터 스페셜 에디션' 판매와 연결지어 '올 겨울, 카페라떼와 함께 1년간 담아 둔 사랑을 고백하라'는 메시지의 '럽밍아웃' 프로젝트를 전개했다.

**기업을 살리는
설득의 기술**

●**전략**= 경제적, 시간적 이유로 연애를 포기하는 20대의 사랑을 응원하기 위한 프로젝트 '럽밍아웃'은 브랜드 자산인 '사랑'을 접목한 커뮤니케이션과 함께, 핵심 타깃의 관심을 이끌어내기 위해 온라인과 오프라인에서 다양한 홍보 도구를 활용했다.

●**프로그램**= 2D 모션 바이럴 영상 제작, 페이스북 팬 페이지 광고, 윈터 스페셜 에디션 디자인을 활용한 카드 제작, 오프라인 트리 제작 및 이벤트, 페이스북 앱 개발을 통한 온라인 이벤트, 인플루언서 마케팅 등을 전개했다.

●**효과**= '올겨울, 카페라떼와 함께 사랑을 고백하라'는 따뜻한 메시지를 효과적으로 전달하며 타깃에게 브랜드 가치를 공유하는 데 성공, 캠페인 기간 약 5천여 명의 신규 팬을 확보하며 페이스북 팬 증대에 기여했다. 또한 비수기에 출시한 시즈널 패키지 이슈화에 성공하며 비수기 판매량을 전년 대비 상향시키는 실적을 기록했다.

태도를 보였다. 네 번째 호감의 법칙이 작용한 것이다. 다시 말해 사람들은 자기를 좋아하는 사람을 좋아한다. 또한 준만큼 되돌려 받게 마련이므로 상대를 적극적으로 대하면 그만큼 반응이 되돌아오게 마련이다. 상대방이 자기를 좋아한다고 믿고 행동한다면 머잖아 실제로 그렇게 될 것이다. 반대로 적의가 있을 거라고 생각하고 이야기를 시작하면 실제로 적의에 맞닥뜨릴 수도 있다. 상호성은 자의식에도 영향을 미쳐서 자신을 좋아하거나 사랑하는 사람과 함께 있으면 상대에게 인정받는다는 생각에 자존감도 높아진다.

복종하는 심리를 이용하는 전략

폴란드 이민자 출신인 네이선 핸드워커는 1916년 미국의 코니아일랜드에 정착하면서 사업모델을 구상하고 있었다. 당시 코니아일랜드 지역에서는 그 지방의 전통 음식인 핫도그가 널리 판매되고 있었다. 핫도그 하나의 가격은 10센트. 핸드워커는 부인의 음식솜씨가 워낙 좋았기에 자신도 핫도그 장사를 하기로 마음먹었다. 가격은 개당 5센트로 책정했다. 훨씬 맛있으면서도 값싼 핫도그를 제공한다면 충분히 승산이 있겠다고 생각한 것이다. 핸드워커의 핫도그 맛은 어느 모로 보나 경쟁자들의 핫도그에 비해 손색이 없었지만 그는 손님을 거의 한명도 끌지 못했다. 그 이유는 무엇일까?

코니아일랜드 방문객들은 네이선 핸드워커가 판매하는 핫도그의 품질을 믿지 못한 것이었다. 싼 가격이 오히려 '싸구려 재료를 썼을 것'이라는 의심을 불러일으킨 것이다. 핸드워커는 이 난관을 어떻게 타개할 것인지 고민했다. 여러 가지 방법을 생각하다가 가까운 병원의 의사들에게 돈을 주고, 흰 가운 차림에 청진기를 목에 건 채 가게 옆에 서서 핫도그를 먹게 했다. 의사들 입장에서도 항상 바쁜 와중에 식사를 못할 경우가 많은데 돈까지 주면서 먹어 달라고 하니 사양할 이유가 없었다.

자, 어떤 일이 발생했을까? 하얀 가운을 입은 의사들이 줄지어 서서 핫도그를 먹고 있는 장면이 연출됐다. 사람들은 위생에 대해 아주 까다로울 것 같은 의사들이 네이선 핫도그를 먹자 그 동안 네이선 핫도그에 대해 갖고 있던 의심을 떨쳐 버릴 수 있었다. 네이선 핫도그는 그 이후로 고객들로 붐비게 되었고, '네이선스 페이머스 핫도그(핫도그 먹기 세계대회)'라는 대회도 개최할 만큼 크게 성장했다.

네이선은 바로 '의사들의 권위', 즉 '위생에 대해서는 가장 민감하게 신경을 쓸 것 같은 의사들조차 네이선 핫도그를 먹는다'는 점을 활용함으로써, 가장 걸림돌이 되었던 '핫도그 품질에 대한 의심'을 불식시킨 것이다. 복종 심리를 이용하는 전략으로 '권위의 법칙'이라고 규정할 수 있겠다.

▐▌ 경제학적인 관점에서 보면 베블런 효과

베블런효과란, 미국의 사회학자이자 사회평론가인 베블런 (Thorstein Bunde Veblen)이 1899년 출간한 저서 〈유한계급론(有閑階級論)〉에서 "상층계급의 두드러진 소비는 사회적 지위를 과시하기 위하여 자각 없이 행해진다"고 말한 데서 유래하였다. 베블런은 이 책에서 물질만능주의를 비판하면서 상류층 사람들은 자신의 성공을 과시하고, 허영심을 만족시키기 위해 사치를 일삼는다고 꼬집었다. 베블런효과는 상류층 소비자들에 의해 이루어지는 소비 행태로, 가격이 오르는데도 수요가 줄어들지 않고, 오히려 증가하는 현상을 말한다. 예를 들어 값비싼 귀금속류나 고가의 가전제품, 고급 자동차 등은 경제상황이 악화되어도 수요가 줄어들지 않는 경향이 있다.

꼭 필요해서 구입하는 경우도 있지만, 단지 자신의 부를 과시하거나 허영심을 채우기 위해 구입하는 사람들이 많다. 더욱이 과시욕이나 허영심을 채우기 위해 고가의 물품을 구입하는 사람들의 경우, 값이 오르면 오를수록 수요가 증가하고, 값이 떨어지면 누구나 손쉽게 구입할 수 있다는 이유로 구매를 하지 않는 경향도 있다. 무조건 남의 소비 성향을 좇아 한다는 뜻에서 소비편승효과라고도 한다. 이런 점에서 다수의 소비자가 구매하는 제품을 꺼리는 소비현상으로, 남들이 구입하기 어려운 값비싼 상품을 보면 오히려 사고 싶어하는 속물근성에서 유래한 속물효과와 비슷하다.

**기업을 살리는
설득의 기술**

우리나라에서는 2000년대 이후 극소수의 상류층 고객만을 상대로 벌이는 마케팅 전략인 VVIP마케팅이 등장해 큰 효과를 본 경험이 있다. 전문가나 전문적 식견을 인용함으로써 최고의 가치가 있다고 호소하고, 한편에서는 부의 과시 심리를 자극하는 초고가 전략을 구사함으로써, 결국 고가의 제품이 잘 팔리는, '베블런 효과'와 '권위의 법칙'이 절묘하게 결합된 상황을 만들어낸 셈이다.

공포를 이용하는 전략

공포를 이용하는 전략, 즉 '공포 마케팅'이란 광고 속 메시지를 따르지 않을 경우 나쁜 결과가 발생할 수 있다고 강조함으로써 의도에 따르도록 유도하는 광고 방식을 일컫는다. 수용자는 광고를 통해 위험에 노출될 수 있다는 불안감에 휩싸이게 되고, 이를 줄이기 위해 메시지에서 제시하는 권고사항을 따르게 된다. 공포 마케팅은 일반적인 광고보다 매우 직설적이고 강한 호소력을 갖기 때문에 수용자에게 크게 각인된다. 이러한 효과를 십분 활용해 에이즈 예방 캠페인, 금연 캠페인 등 공익을 추구하는 설득커뮤니케이션 분야에서 공포 마케팅이 쓰이고 있다.

공포 마케팅은 정치 광고에서도 매우 활발하게 활용되고 있다. 가령 위협적인 상황을 상정하고 자신의 주장을 정당화하는 것도 공포 마케팅의 일환이다. 특히 선거 과정에서 후보자 자신이 당선되지 않거나 상대 후보가 당선될 경우 발생할 부정적 결과를 위협적으로 제시하며 유권자들에게 불안감과 공포심을 불러일으키기도 한다. 즉 자신의 의도를 반영하기 위해 공포심을 조성해 국민을 설득하고 권력을 쟁취하는 것이다.

공포 마케팅이 이용된 사례로 흔히 '북풍'을 꼽는다. 국가 안보를 저해하는 행위를 북측에서 저지르고 있으니 이 위기를 타파해야 한다는 주장을 펼치는 것이다. 이뿐 아니라 2007년 대통령 선거에서 "IMF를 불러온 세력들이 다시 경제를 말하고 있다"고 주장한 정동영 후보나, 2002년 대통령 선거에서 "한 순간의 인기로 경험이 없는 후보를 뽑으면 위험에 빠질 것"이라 주장한 이회창 후보의 사례에서도 공포 마케팅이 이용되고 있음을 확인할 수 있다. 2020년의 총선에서 '코로나19' 사태를 극복하기 위해 힘을 모아달라고 한 경우도 최근 공포 마케팅이 활용된 예라 할 수 있겠다.

상황의 위험성을 강조하고 그 위험을 타파할 수 있는 대안이 자신뿐이라는 점을 부각하는 공포 문구를 사용하는 이 마케팅은 정치, 환경, 경제, 범죄예방 등 여러 분야에서 다양한 각도로 널리 활용되고 있다.

▐▐ '공포'로 마비시키기, 정치권력 확보의 열쇠

그렇다면 공포 마케팅은 권력 확보에 실제로 도움이 될까. 정치 기득권이 통치 수단으로 '공포'를 사용하는 경우는 흔하다. 대표적으로 독재·전체주의·권위주의 국가는 이와 같이 공포를 사용해 권력을 차지한다. 과거 히틀러의 나치 정권과 권위주의 군사정권은 공포를 상시화해 반정권적인 행동을 억압하고 국가를 통치했다. 한국에서는 북한이라는 '적'과 대치하고 있는 상황으로 인해 안보가 위협받고 있음을 드러내며 공포분위기를 조성하기도 했다.

그러나 '공포'라는 도구를 이용해 권력을 차지하는 것이 과거 독재·전체주의·권위주의 국가에서만 나타나는 양상은 아니다. 평화학자 요한 갈퉁(Johan Galtung)은 민주주의가 확립된 서구 자본주의 국가에서도 공포를 이용하는 양상이 드러나고 있음을 지적했다. 정치적 목적을 달성하기 위해 광범위한 폭력을 사용했던 과거 독재 국가의 형태와 매우 유사하다. 자유롭고 공정한 선거를 통해 당선된 정권마저 '안보'라는 이름 하에 국민들을 무차별적으로 사찰한다는 것이다. 그의 정의에 따르면, 국민들이 말과 행동으로 꼬투리가 잡혀 탄압을 받지 않을까 전전긍긍해야 하는 체제는 '구조적 파시즘'에 해당한다.

▐▐ 공익광고에 나타난 '공포'와 '혐오의 감정'

공권력이 '4대악'을 내세워 국민을 겁박하는 무서운 시대, 무서운 광고의 등장은 우연으로 보이지 않는다. 국토교통부의 전좌석 안전벨트 캠페인. 뒷좌석 안전벨트를 매자는 광고다. 이광고는 화창한 주말에 여행을 떠나는 가족의 모습으로 시작한다. 아빠가 묻는다. "안전벨트 맸어?" 자녀들이 휴대전화를 만지며 건성으로 대답한다. "맬게요." 이어지는 라디오 디제이의 잔잔한 목소리. "오늘은 나들이하기 정말 좋은 날씨죠. … 김민수 학생의 사연입니다. …뭔가 큰 실수를 하셨나 봐요." 목소리는 잔잔하지만 겹치는 비주얼은 끔찍하다. 이들이 탄 자동차가 대형 트럭과 충돌하고 중앙선 시멘트 난간에 부딪히는 모습이 이어진다. 충돌 장면이 자극적이긴 하지만 여기까진 실수에 대한 경고로 보인다.

잔인한 카메라는 자동차의 내부로 들어간다. 자동차에 타고 있던 청소년 남매는 충돌과 함께 몸이 쏠린다. 대못을 박듯이, 소녀의 머리가 창문에 부딪혀 유리가 깨지는 장면이 천천히 묘사된다. 이후의 참상이 즉각 연상된다. 카메라가 보여주지 않

**기업을 살리는
설득의 기술**

아도 보인다. 고개를 돌릴 틈도 없이 급습한 영상에 불쾌감이 솟구친다. 그리고 이후에 여기에 이들이 없다는 것까지 광고는 못 박는다. 사고를 수습 중인 현장에 앞좌석 안전벨트를 매고 있던 엄마만 망연한 얼굴로 앉아 있다. "이렇게 될 사고는 아니었습니다." 냉담한 내레이션이 흐른다. 이 광고엔 위협만 있고 슬픔이 없다.

"이거 처음 보고 놀랐다. 무섭기로는 옛날 공익광고협의회 급이다(보건복지부 금연광고도 그렇고 요즘 정부 부처끼리 어느 쪽이 더 무섭게 만드나 경쟁하는 건가). 이거 보고 트라우마 발생자 안 나오길…." 광고 포털 'TVCF'(tvcf.co.kr)에 올라온 이 광고(전 좌석 안전벨트 착용 캠페인-뒷좌석 안전띠 편)에 달린 댓글이다. 경각심을 느꼈다는 반응도 있지만, 다수는 이런 광고가 방영될 수 있다는 데 놀랐다는 반응이다.

▰▰ 레고와 쉘의 제휴 관계를 끊게 만든 그린피스의 비디오

2015년 10월 8일, 레고(Lego)는 쉘(Shell)과의 50년에 걸친 제휴를 종료했다. 레고는 1970~1992년까지 쉘 로고가 들어간 세트를 판매했고, 2012년부터는 쉘 주유소를 이용하는 고객에게 레고의 미니카를 사은품으로 주는 프로모션도 진행했었다.

두 회사의 제휴관계가 종료된 배경에는 그린피스를 비롯한 환경단체가 전개한 '북극 환경 보호 캠페인'이 있었다. 쉘은 2012년부터 알래스카에서 자원 탐사를 위한 시추를 시작했다.

그해 말 시추 장비가 좌초하면서 잠시 중단되었으나 쉘은 2015 년부터 다시 북극 시추를 시작할 것이라고 밝혔다. 이에 대해 그린피스는 "북극에서 원유를 시추하는 일은 위험이 크고, 멕시코만 사고와 같은 원유 유출 사고 가능성이 있다"고 경고했다. "유출 시 복구 작업은 사실상 거의 불가능하며 생태계에 미치는 영향은 매우 클 것이다."

2014년 7월 8일 그린피스는 한 동영상(https://www.videoman.gr/ko/62296)을 공개했다. 제목은 '모든 것이 최고는 아니에요 (Everything is not awesome)'였다. 북극에서 원유 유출이 발생한다면 어떻게 자연이 파괴될지에 대해 레고 장난감을 이용해 보여주는 영상이었다. 영상을 본 사람들 가운데 100만 명 가량이 레고를 향해 쉘과 제휴관계를 끝내도록 요구하는 청원서에 서명했다. 그린피스가 약 3개월 동안 진행한 캠페인은 레고와 쉘의 50년에 걸친 협력과 1억1000만 달러 규모의 판매 촉진 제휴계약을 종료시킴으로써 쉘에 타격을 주기 위한 것이었다. 그린피스는 동영상의 마지막 부분에 다음과 같은 메시지를 전했다.

"쉘은 아이들의 상상력을 오염시키고 있습니다. 레고가 쉘과의 제휴를 끝내도록 이야기해 주세요"

그린피스는 이 영상 외에 쉘 주유소 및 전 세계의 관광 명소를 배경으로 레고 미니 피규어를 이용한 '작은 시위'도 진행했다. 동영상이 조회수 600만 회를 넘기며 인기를 끌자 레고는 백기를 들었다. 하지만 레고의 CEO 외르겐 비 크누드스토르프

(Jorgen Vig Knudstorp)는 "레고는 그린피스의 전술을 지지하지 않는다"며 "이러한 환경 캠페인에 휘말리고 싶지 않다"고 말했다. 동시에 "상황이 크게 변하지 않는다면 이후에도 쉘과 추가 계약을 맺지는 않을 것"이라고 덧붙였다.

화석연료 산업에서 손을 떼고 있는 기업의 수는 점점 늘어나는 추세다. 영국의 고급 슈퍼마켓 체인 웨이트로즈(Waitrose)는 2012년 쉘과의 제휴를 종료했다. 2014년 9월에는 마이크로소프트, 구글, 페이스북 등이 기후변화 법안에 반대하는 보수파 압력단체 ALEC(미국 입법교류협의회)에서 탈퇴하거나 지원을 중단했다.

북극을 석유 채굴 및 대형 어업으로부터 보호해야 한다는 운동은 전 세계적으로 확산되는 추세다. 약 600만 명이 넘는 사람들이 참여했으며, 그린피스의 〈북극 선언〉(Arctic Declaration)에는 엠마 톰슨, 폴 매카트니 등 유명 인사 1000명 이상이 서명했다. 반기문 UN사무총장은 북극 환경 보호를 호소하는 활동가들을 만났으며 그 자리에서 북극 보호 문제를 논의하는 국제회의 소집을 검토하겠다고 말했다.

공포 마케팅은 사실 그 힘이 막강하다. 그런 점에서 좋은 의도든 나쁜 의도든 강력한 메시지가 필요한 영역에서 자주 사용되고 있는 설득 전략이다. 마이클 크라이튼은 그의 소설 〈공포의 제국〉에서 환경 관련 공포 마케팅이 어떻게 진행되는지 매우 상세하게 묘사한 바 있다. 물론, 소설이지만.

희소성을 이용하는 전략

희소성을 이용하는 전략은 '기회를 잃을까봐 두려워하는 심리'를 활용하는 것이다. 희소성의 법칙. 많지 않기 때문에, 많이 남지 않았기 때문에, 잘 아는 사람만 가질 수 있는 것이기 때문에, 무엇인가를 얻을 수 있는 기회를 놓칠지도 모른다는 두려움은 때로 그것이 가진 가치를 뛰어넘기도 한다. 이 법칙은 마케팅에서 이미 매우 보편적으로 활용되고 있다. "날이면 날마다 오는 장사가 아니다"고 강조하는 것이다.

> "25% 할인, 단 일주일만."
> "200개 한정 판매."
> "수능 수험증을 지참하시는 분께 25% 할인."
> "오늘 생일을 맞은 고객 100명에게 25% 할인된 가격으로 오늘 하루 5시까지만 판매합니다."

지금은 그냥 일반 쇼핑몰이 돼버렸지만 한때 유행했던 쿠팡, 티몬, 위메프 등의 소셜 커머스도 초기 돌풍의 핵심은 바로 이 희소성의 법칙이었다. 판매 기간이 정해져 있는 파격적인 할인가의 제품들이 언제 다시 올라올지 알 수 없으므로 마음에 드는 제품이 판매에 올라오면 당장 필요하지 않은 상품도 서둘러 구매하고, 이것이 계속되다 보면 필요한 제품이 없어도 어떤 물건이 올라와 있나 살펴보러 쇼핑몰을 방문하게 된다.

홈쇼핑에서는 희소성의 법칙이 가장 적극적으로 활용된다. 홈쇼핑은 상품 구성을 다양하게 하면서 "이런 구성은 이번 한 번"임을 강조한다. 또한 특별한 사은품을 곁들여 해당 방송 회차만 제공하는 사은품이라는 것을 강조한다. 그리고 단일 상품이나 같은 구성의 상품이라도 거의 항상 해당 방송 회차의 판매량을 미리 한정하여 판매한다.

희소성의 법칙이 이렇게 한정 판매에만 적용되는 것은 아니다. '남들이 잘 하지 않는 모든 것'이 희소성의 법칙 대상이다. 예를 들어 '할인 판매를 하지 않는 것'도 희소성의 법칙을 활용한 마케팅 방식이다. 거의 모든 상품들이 자체 세일이나 백화점 및 쇼핑몰 세일 때 할인 판매를 하는 상황에서도 특정제품은 할인 판매를 하지 않는다고 하면, 그 자체로 희소성을 가진다.

대개의 명품들은 할인 판매를 하지 않는다. 명품들은 기본적으로 개별 모델에 대해 한정 판매 정책을 실시한다. 거기에 가격을 항상 일정하게 유지하는 것은 고가로 구매한 고객들의 가격 자부심을 지켜주기 위해서이다. 그러나 명품이 아닌 저가를 표방하는 제품도 할인 판매를 하지 않는 경우도 있다. 가장 대표적인 것이 스킨 푸드. 저가품을 할인 판매하지 않는 경우는 평소의 가격이 거품이 끼지 않은 적정한 가격이라는 신뢰를 준다.

Paul the psychic World Cup octopus has died

October 26, 2010 1:00 PM

The sad fact is, he was the only one who saw it coming

Today is a sad day for fans of psychic cephalopods -- Paul, the World Cup predicting oracle octopus, has died in his tank at an aquarium in Germany.

▴ (사진=뉴스라이트 기사 협처)

　　조금 결이 다르긴 하지만 희소성은 신기한 것, 놀라운 현상 에서도 나타난다. 2010년 월드컵 때 승부를 알아맞히는 문어 가 화제가 된 적이 있다. 잘 믿기지 않지만 눈앞에 현실로 나타 난 사실이라 "세상에 뭔 이런 일이 다 있지?" 하는 마음으로 많 은 사람들이 그 뉴스에 관심을 표명한 것이다. 희소성은 이같 이 다양하다.

▚ 현대카드 블랙 VVIP카드의 극단적 희소성 전략

　　희소성의 법칙은 매우 광범위한 분야에서 활용될 수 있다. 30년 동안 한 제품만을 취급했다거나, 한 지역에서만 영업을 해왔다는 것도 희소성의 요소가 된다. 제조 기법이 독특하다는 것, 생산 지역이 지리산이나 한라산과 같이 특정되어 있는 것, 독특한 원료를 사용하고 있는 것, 혹은 광고를 하고 있지 않는 것 등도 모두 희소성의 요소이다.

**기업을 살리는
설득의 기술**

현대카드 블랙은 VVIP카드로 독보적인 지위를 갖고 있다. 우선 전체 발급수를 독특하게 9,999명으로 한정하면서 출시를 했다. 10년도 더 지난 지금까지도 가입자는 2,000명대에 머물러 있다. 2016년에 새로 가입한 고객 수는 약 40명에 불과했다. 먼저 숫자로 한정을 하여 희귀성의 장치를 한 것이다. 단순히 숫자로 한정한다면 이는 선착순으로 끝날 수 있겠지만 그게 다가 아니다. 진입장벽(entry barrier)을 만든 것이다. 즉 잠재 소비자층으로 하여금 아무나 가질 수 있는 게 아니라는 인식을 하도록 또 하나의 장치를 마련해 두고 있다. 예를 들어 그 흔한 신용카드 가입신청서조차 자격 요건을 충족시켜야지만 볼 수 있다고 한다. 포춘지 보도에 따르면 연 매출액 1,000억 원이 넘는 기업 고위 임원단과 대학총장, 장관급 공무원, 종합병원 원장, 법무법인 파트너급 변호사가 되어야 한다고 하니 웬만해서는 신청서조차 구경할 수 없겠다.

여기에 더해 현대카드의 정태영 사장을 비롯하여 임원급으로 구성된 더 블랙 커미티에서 만장일치 승인을 받도록 함으로써 진입장벽을 더욱 강화하는 조치까지 취하고 있다. 자그마치 250만 원에 달하는 연회비도 역시 희귀성을 더욱 강화하는 요소다. 이 밖에도 카드에 새겨진 6개의 상형문자를 세계적인 디자이너 카림 라시드가 디자인하게 하여 더욱 희귀성과 함께 권위(authority)를 강조했다. 또한 회원들만을 위한 행사 'Time For The Black' 역시 이러한 희귀성과 권위를 강화하는 마케팅적 장치라 할 수 있다.

현대카드는 '더 블랙' 시절부터 일명 'VVIP 카드'라 불리는 최고 등급 카드 중에서도 가입이 까다롭기로 유명하다. 현대카드가 먼저 초청하지 않는 한 신청조차 할 수 없기 때문이다. 럭셔리 마케팅에서는 이와 같은 희귀성의 원칙은 거의 필수이기도 하다. 반대로 이야기하면 럭셔리 마케팅에서 희귀성이 존재하지 않는다면 즉 누구나 가질 수 있는 이미지를 준다면 실패할 수밖에 없다.

반전을 이용하는 전략

패러디-반전 광고는 소비자들이 익히 알고 있는 장면을 패러디함으로써 시청자를 몰입하게 만들고, 또한 갑작스런 반전을 통해 강렬한 인상을 남기는 방식을 활용한 것이다. 이미 오랫동안 광고계에서 사랑받아온 패러디 광고와 반전의 요소를 결합, 시너지 효과를 내는 것으로 평가된다.

반전광고의 경우, 톱스타를 기용하지 않더라도 절묘한 반전으로 강력한 각인을 남기는데 성공할 수 있다는 특징이 있어 많이 활용되어 왔다. 여기에 최근에는 드라마 주인공들의 명연기를 더해 광고 효과를 극대화하는 경향을 보인다. 업계 관계자는 "패러디 광고의 성공요인은 패러디 대상과의 상황적인 묘사의 일치성에 있으며 제품 장점을 패러디 대상의 광고에 어떻게 녹여 낼 것인가가 중요하다"고 말한다. 이러한 관점에서 최근 집행되고 있는 이동통신사들의 광고는 극의 출연자는 물론이고 그들의 관계 설정을 그대로 가져옴으로써 광고효과를 배가시키고 있다는 설명이다.

유튜브를 비롯한 소셜네트워크서비스(SNS)에 공개된 영상 하나가 화제가 됐다. 영상은 초등학생 남녀 주인공의 풋풋한 연애스토리를 담았다. 버스 안에서 과자를 나눠 먹으며 사랑을 키우던 두 남녀. 그러나 친구들의 짓궂은 놀림에 남자는 여자를 좋아하지 않는다고 거짓말을 한다. 배신감을 느낀 여자는 닭똥 같은 눈물을 흘리며 이렇게 외친다. "너 왜 사람 헷갈리게 해! 왜 자꾸 필요한 시간에 딱 맞춰 나타나서 잘해주는데! 너가 무슨 티몬 슈퍼마트야!" 슈퍼마트는 티몬이 2015년 5월에 론칭한 생필품 전문 채널로, 묶음 배송과 지정 시간 예약 배송 시스템을 앞세워 쇼핑 편의성을 높인 게 특징이다. 젊고 발랄한 사람들에게 강하게 어필할 수 있는 요소들을 두루 갖추고 있는 패러디-반전 광고다.

▰▰ 안전운전에 대한 반전 공익광고

　운전 중 핸드폰을 사용하여 문자를 주고받거나 전화를 하는 등의 행위는 정말로 위험한 행위임에도 불구하고 대부분의 현대인들은 이를 가볍게 여기곤 한다. 때문에 여태껏 많은 공익광고에서도 운전 중에 휴대폰을 사용하지 말자는 메시지를 전달해 왔으나 그다지 큰 영향력은 없었다. 아직도 휴대폰을 들여다보는 '잠깐'이라는 시간에 대해 대수롭지 않게 여기는 인식이 여전히 존재한다. 그런 상황에서 한국방송광고진흥공사에서는 안전운전에 대한 공익광고를 조금 색다르게 접근했다. 광고는 단순히 '운전 중에는 핸드폰을 만지지 마세요'가 아닌, 색다른 반전의 내용으로 시작한다.

> 보고 싶어라는 말을 하지 마세요
>
> 사랑해 문자도 보내지 마세요
>
> 좋아요도 누르지 마세요

　우리들이 주로 하는 전화와 문자, 페이스북을 통해 마음을 표현하는 일들을 하지 말라니? 사람들은 일반적으로 좋아한다는 표현을 잘 해라, 자주 해라 같은 이야기들을 들어왔었는데, 광고는 오히려 하지 말라고 하니 의아하다. 이렇게 사람들의 궁금증과 호기심을 유발한 뒤에 메인 카피가 나온다.

　그제서야 사람들은 광고가 무슨 이야기를 하는지 확실히 이

해할 수 있다. 광고 내용을 이해하기 어려운 것이 아니라, 오히
려 일반적인 생각을 뒤집은 뒤에서야 키 메시지를 더욱 인상
깊게 전달하고 강조하는 것이다. 이러한 반전이 더 오랫동안
기억에 남는 법이다.

세상 그 어떤 아름다운 말도 당신 없인 무의미하기 때문입니다
사랑한다면 오직 운전만 하세요

SJA Jeju '미국 유학, 나는 제주로 간다'

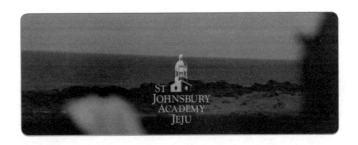

　제주영어교육도시에 세워진 세인트존스베리아카데미는 후발주자라는 한계를 넘기 위해 특별한 광고홍보 전략이 필요했다.

　●기획= 세인트존스베리아카데미 제주(SJA Jeju)는 제주영어교육도시 내 네 번째로 개교하는 학교인 만큼, 기존에 개교한 국제학교들과 동일한 커뮤니케이션만으로는 주목받기 어려운 상황이었다. 더구나 제주국제도시 입학생이 매년 감소하고 있는 상황이라 개교 전후 단기간에 효과적으로 인지도 제고 및 신입생 모집을 극대화할 수 있는 SJA Jeju만의 브랜딩이 필요했다.

　●전략= 시장 및 타깃 분석, 학교 내부 니즈를 기반으로 홍보 프로그램 전체를 아우르는 키 메시지 '미국 유학, 나는 제주로 간다 – 제주에서 경험하는 정통 미국식 탐구 중심 교육과정'을 도출했다. 즉, 미국으로 유학을 가지

않아도 쾌적한 학교 시설과 천혜의 자연환경이 갖춰진 제주도에서 현지 미국 학교의 커리큘럼에 따라 교육받을 수 있는 여건이 조성되어 있음을 부각시키며 대중의 인식에 반전효과를 주고자 했다.

●프로그램＝ 교직원, 학부모, 학생까지 타깃을 세분화해 개교행사, 언론홍보, 온라인 홍보, 광고(인쇄, 온라인, 영상, 옥외 등) 등 온·오프라인을 모두 아우르는 통합적인 홍보 툴을 배치했다. 이에 상호간 공감대 형성은 물론, 단기간에 차별화된 브랜드 인지도를 구축하며 커뮤니케이션 메시지를 효과적으로 전달하는 데 집중했다.

●효과＝ 결과적으로 제주영어교육도시에 설립되는 후발주자였지만, 부정요소를 전환하기 위한 효과적인 통합 커뮤니케이션 전략을 수립하며 개교 이후 재학생 등록률이 98% 이상이라는 압도적인 수치를 기록, 브랜드 가치를 입증하는 데 성공했다. 또한 본교로부터 '미국 정통 사립학교'로서의 위상을 드높였다는 평을 받으며 경쟁학교들과 차별화된 '탐구 중심 교육의 명가'로 국제학교의 새로운 트렌드를 이끌어냈다.

뉴스킨 180° 론칭 프로젝트
'아름다운 나를 위한 7일의 기적'

●기획= 뉴스킨 코리아의 전성기를 이끈 '180° 스킨 액티베이팅 시스템'이 12년 만에 리뉴얼 론칭을 하며 기존 제품과의 차별성과 제품 특장점 전달을 통한 제품력 인지 제고가 필요했다. 특히 매출 감소 및 사업자 축소 등의 상황 타개를 위해 기존 3040에서 20대로 타깃층을 확대해야한다는 니즈에 따라, 젊은층 공략을 위한 전략이 시급했다.

●전략= '1 DAY MAGIC, 7 DAYS MIRACLE'이라는 키(Key) 메시지와 '가장 아름다운 나를 만나다'라는 브랜드 슬로건을 기반으로, '아름다운 나를 위한 7일의 기적'이라는 커뮤니케이션 메시지를 수립했다. 특히 젊은층의 호기심을 유발하기 위한 전략으로, 타깃의 파급력 높은 모바일 미디어 플랫폼

**기업을 살리는
설득의 기술**

딩고를 활용해 제품의 효능을 흥미롭게 풀어내는 영상 캠페인을 운영했다.

●**프로그램**= 일주일 뒤 예정된 친구 결혼식장에 전남친이 온다는 소식을 들은 주인공의 상황을 연출. 그에 맞는 솔루션으로 뉴스킨 180°를 소개하는 방식의 스토리를 구성해 관심을 유도했다. 뉴스킨 180° 라인을 단계별로 소개하며 이를 꾸준하게 사용할 경우 일주일 만에 기적 같은 피부 변화를 만날 수 있다는 메시지를 전달. 캠페인의 커뮤니케이션 메시지인 '아름다운 나를 위한 7일의 기적'으로 연결시키며 공감을 이끌어냈다.

●**효과**= 단순한 광고가 아닌 상황적 묘사와 제품의 장점을 접목시킨 딩고 영상 콘텐츠는 총 651,305 조회수를 기록. 드라마 스토리에 공감했다는 긍정적 댓글을 대다수 확보하는 데 성공했다. 이에 영상 콘텐츠 이후 온라인 버즈량이 일일 최대 2,000여 건까지 급상승하며 매출증대에도 기여하는 결과를 가져왔다.

진정성을 얻는 공신력 전략
(feat. 에토스 차용하기)

에토스는 설득하는 사람의 고유한 성품, 매력도, 카리스마. 진실성을 의미한다. 아리스토텔레스는 기본적으로 사람들이 화자(話者)를 신뢰해야만 설득이 가능하다고 했다. 즉, 내가 누군가를 좋아하고 신뢰한다면, 그 사람이 비록 설득력이 떨어지고, 예민하게 내 상황을 파악하지 못해도, 그 사람에게 설득될 수 있다는 것이다.

우리는 '그 사람의 말이 논리적이고 훌륭해서'라기보다는 '그 사람이 좋고 훌륭해서' 그 사람의 말에 설득된다는 것인데, 설득 커뮤니케이션의 영역에서 로고스, 파토스, 에토스의 세 가지 설득 요소 중 에토스가 가장 강력한 영향력을 갖고 있는 것으로 결론지어 지고 있다. 이는 인간이 이성적인 존재라기보다는 지극히 감성적이고 충동적인 존재라는 사실을 시사하고 있다. 이런 상황은 정치 세계에서 아주 흔히 볼 수 있다.

다수의 법칙 전략

'다수의 법칙'은 많은 경우에 사용된다. 다수의 법칙 전략은 많은 사람들이 해당 대안을 선택했다는 상황을 보여주고 당신도 이들처럼 행동하면 후회하지 않을 것이라는 메시지를 전달하는 전략이다. 코미디 프로그램에서 가짜 웃음을 사용하는 이유는 무엇인가? 가짜 웃음이 왜 그토록 효과적인가를 이해하기 위해서 우리는 '사회적 증거(social proof)'라는 설득의 법칙을 이해해야 한다. 우리는 다른 사람들의 반응에 따라서 언제 웃는 것이 가장 적절할 것인가를 결정하는 데 너무 익숙해져 있기 때문에 나중에는 코미디의 유머의 질에 따라 반응하는 것이 아니라 그저 웃음소리에 따라 반응하게 된다. 이 법칙에 의하면 무엇이 옳은가를 결정하기 위하여 우리가 사용하고 있는 방법 중의 하나는 다른 사람들이 옳다고 생각하는 것이 무엇인지를 알아내는 것이라고 한다.

다른 사람들이 행동하는 대로 행동하게 되면 즉, 사회적 증거에 따라 행동하면 실수할 확률이 줄어든다. 왜냐하면 많은 경우에 다수의 행동은 올바르다고 인정되기 때문이다. 그러나 사회적 증거의 이러한 특성은 장점인 동시에 약점이 되고 있다.

귀인이론의 합일성(consensus) 관점에서 보면 많은 사람이 특정 브랜드를 좋아하면 합일성이 높은 것이고 특정 사람들만 좋아하면 합일성이 낮은 것이다. 많은 사람이 좋아하는 제품은 그 제품의 품질이 좋기 때문에 인기가 많다고 생각하는 반면, 특정 소수가 좋아하는 제품은 그 사람의 취향이 독특하기 때문이라고 생각한다. 이 같은 방식으로 유명한 식당에 손님이 몰리는 현상도 설명할 수 있다. 밴드왜건 효과(Bandwagon effect)

로 보면 다수가 지지하는 방향에 따라 자신의 의견을 결정하는 경향인데 자신의 기호보다는 친구들이 구매하는 것을 따라서 구매하거나 새로운 스타일이나 패션을 따라하기 위해 구매하는 소비행위로 유행에 따르는 심리이다.

▮▮ 사회적 증거의 법칙 = 다수의 행동이 선이다

'사회적 증거의 법칙'은 로버트 치알디니 교수에 의해 제창된 개념이다. 사람의 행동은 상당 부분 주위 사람들의 영향을 받는데, 사람들이 무언가를 믿거나 어떻게 행동할지 결정할 때 다른 사람들을 살펴보고 비슷한 예가 많을 경우(사회적 증거, Social Proof) 그대로 따라하게 되는 경향이 있다는 것이다.

사회적 증거의 법칙에 관한 대표적인 성공사례는 영국 국세청이 납세율을 끌어올린 사례다. 영국 국세청은 납세율을 올리기 위해 고심하던 중 치알디니 교수가 대표로 있던 컨설팅사인 '인플루언스 앳 워크(Influence at Work)'사의 조언을 받아 독촉장 첫 줄에 '영국인 90%가 세금을 냈습니다(90% of people have paid)'라는 문구를 삽입했다. 그 결과 전년도에 비해 연체된 세금 56억 파운드를 더 걷을 수 있었다. 다른 사람들이 이미 세금을 냈다는 사실이 본인을 압박한 결과이다.

사회적 증거의 법칙은 서양보다 동양에서 더 강한 영향력을 미친다. 공동체 의식이 더 강하기 때문이다. 베이징의 식당에서 실시한 실험이 있다. 식당 종업원이 손님에게 특정 메뉴를 선택하게 유도하는 방법이 뭘까? 손님에게 메뉴판을 보여주며 '이 음식이 우리 식당에서 가장 인기 있는 요리입니다'라고 말하는 것. 단순히 이렇게 하는 것만으로 음식별로 13~20%까지 선택률이 높아진 것으로 나타났다. 단순히 그 음식이 인기 있음을 아는 것만으로 그 음식의 인기가 더 높아지는 현상이 발생한다.

사회적 증거의 법칙을 활용해 인도, 인도네시아가 기업체의 환경오염을 줄인 사례도 있다. 거기선 공해 문제가 매우 심각했는데, 정부 규제나 처벌, 벌금 같은 조치들이 먹히지 않았다. 어떤 기업은 공해 저감 설비 투자비보다 벌금이 더 싸기 때문에 차라리 벌금을 내는 쪽을 택했다. 그런데 이 정부들이 방법을 찾아냈다. 산업별로 개별 기업들의 공해 유발 정도를 평가해서 그 결과를 공표한 것. 이전에 최악의 공해를 유발했던 기업들은 경쟁사와 자사의 등수를 본 뒤 즉각적으로 오염 물질 배출을 상당히 줄였다. 인도네시아에선 32% 오염 저감 효과가 나타났다. 기업을 움직이게 하는데 벌금 등의 강제적 조치가 필요 없었다는 것이다. 사회적 증거의 법칙만을 동원했을 뿐이다.

LG하우시스 '너의 집을 보여줘'

1인 가구 시대, 소비자들이 남의 집을 궁금해 한다는 사실을 활용해 남의 집, 나의 집을 보여주는 것으로 구매층을 형성하는 시도를 했다. 앞서 버네이즈는 백과사전을 팔기위해 서재 인테리어 붐을 조성해 성공한 바 있다.

● 기획= 1인 가구의 급성장과 함께 집 꾸미기 및 홈 인테리어 문화에 대한 요구와 수요가 커졌다. 소비자들이 남의 집에 대한 궁금증이 크다는 사실을 활용하기 위해 업계 1위 기업으로서 주도적으로 관심을 유발할 필요가 있었다.

● 전략= 모바일 및 영상 트렌드에 맞춰 디지털 콘텐츠를 활용한 콘텐츠를 개발. '너의 집을 보여줘'라는 시리즈 영상 제작을 기획했다. 이는 브랜드의 제품을 체험한 고객들이 직접 후기를 들려주는 '랜선 집들이' 형식으로, 브랜드 제품을 실제 집 꾸미기에 활용한 감각적 분위기의 영상 연출로 메인 타깃인 3040 여성들의 관심을 이끌어냈다.

기업을 살리는
설득의 기술

●**프로그램**= LG하우시스 인테리어 마감재를 시공한 고객들의 사용 경험을 중심으로 멘트를 구성해 제품에 대한 특장점과 인테리어 팁을 소개했다. 특히 인터뷰 화면과 집안 풍경을 교차 편집하며 누구나 재미있게 이해할 수 있도록 구성. 친근함과 자연스러움을 더하며 신뢰감을 주는 데 기여했다.

●**효과**= 이처럼 다수의 소비자들에게 실제 소비자들의 경험을 시각적으로 제공하며 해당 대안에 대한 선택을 이끌어낸 이 전략은, 브랜드에 대한 인지도 뿐 아니라 신뢰도 및 로열티 증진에 기여하였다.

레고 디지털 캠페인 "레고상상박사를 찾습니다"

어린이가 있는 가정치고 레고 장난감이 없는 가정은 거의 없을 것이다. 세계에서 가장 유명한 완구 브랜드 중 하나인 레고가 한국시장에서 세분화된 타깃의 다수 프랜차이즈 제품들의 개별홍보 필요성과 경쟁 장난감 브랜드의 강력한 마케팅 활동에 대응하여 시장 장악력 유지의 필요성이 대두되었다.

●기획= 사전 조사에서 구매자의 73%가 완구 구매시 교육성을 고려해 구매한다고 했고, 이 중 34%는 지능계발 (창의력, 상상력)을 고려하여 구매를 한다고 밝혔다. 소비자 93%이상이 레고 제품을 하나씩 가지고 있다고 했지만, 그 중 2회 이상 레고를 구매한(재구매) 응답자는 50% 이하였다. 소비자는 레고에 대해 높은 인지도와 선호도를 보이지만 제품 조립에 실패하거나 제품 조립 후 다양하게 가지고 노는 방법을 모를 경우 레고에 싫증을 느끼고, 이런 소비자의 모습을 본 구매자들이 재구매를 하지 않는 것으로 나타났다.

※ 구매자는 레고를 구매해 소비자에게 선물하는 타깃으로 부모, 조부모, 삼촌, 이모 들이 속한다. 소비자는 레고를 조립하고 가지고 놀고 자발적으로 주변사람들에게 자랑하는 타깃으로 유치원, 초등학생 등이 속한다.

●전략= 캠페인 진행을 통해 레고가 아이들의 상상력과 창의력 발전에 도움을 준다는 인식 강화 및 캠페인 참여 1만 명 이상 목표

－타깃은 레고를 구매하는 30-40세 선물 구매자 및 레고를 사용하는 8-16세 아이들

－메시지 전략은 무궁구진한 아이들의 상상력을 레고로 펼쳐보라는 메시지

소비자가 자유롭게 상상력과 창의력을 발휘해 레고 브릭을 조립하고, 구매자가 작품을 응모하는 캠페인을 기획하였다. 이는 소비자에게 레고는 네가 상상하는 모든 것이 정답이라는 메시지와 함께 조립의 즐거움의 가치를 부여하고 구매자는 소비자의 창의력과 상상력이 반영된 작품을 보고 영감을 받아 레고가 가진 교육적인 가치를 인지할 수 있도록 유도하였다.

●프로그램 = 아이들이 직접 레고를 활용해 창작물을 만들고 개인 SNS채널에 업로드 하고, 향후 수상작을 대국민 투표를 통해 선정하는 캠페인 진행.

① 소비자가 창의력을 발휘할 수 있도록 정해진 사용안내가 이 없는 제품 5개를 캠페인 제품으로 선정하였다. 그리고 제품 박스에 아이들의 상상력을 자극할 수 있는 질문들을 각기 다르게 넣고 아이들이 질문의 답변을 레고 브릭으로 창작해 개인SNS채널에 업로드 하는 캠페인을 진행하였다. (Ex: 어떻게 하면 세상을 더 재미있는 곳으로 만들 수 있을까?)

②캠페인의 취지와 참여방법을 안내하는 바이럴 영상을 제작하였다. 소

비자의 눈높이에 맞춰 색연필 일러스트 형태로 제작하였고, 구매자의 참여 독려를 위해 '레고상상박사를 찾습니다'라는 커뮤니케이션 메시지를 제시하였다.

③ 캠페인 우수작 선정은 캠페인 취지의 맞게 많은 영감을 줬다고 생각되는 작품을 대중이 직접 투표할 수 있도록 플랫폼을 마련하였다. 투표는 전 세계 누구라도 참여가 가능하도록 구성하였다.

●효과 = ① 일러스트 바이럴 영상을 기반으로 한 캠페인 안내 콘텐츠를 10가지 형태로 제작하여 레고 디지털 온드 채널(페이스북, 유튜브, 블로그, 카카오플러스친구, 레고닷컴)에서 소개해 75만 Reach 발생 .

② 디지털 인플루언서 채널(블로그, 인스타그램) 을 활용하여 캠페인 참여 후기를 안내하는 콘텐츠를 80개 제작하여 110만 Reach 발생.

③ 보도자료 배포를 통해 총 국내 20개의 신문사 디지털 뉴스지면에 캠페인 홍보를 진행했고, 5개의 아동,주부,직장인 잡지에 애드버토리얼을 진행하였다. 국내 한화 가치 5,375만원의 PR Value 발생. 위 활동을 통해 총 100여개의 UGC 콘텐츠가 발굴되었고, 대국민 투표를 통해 11,836건의 투표 참여가 발생함.

이 결과 레고 상상박사 캠페인은 국내 최초로 2018년 국제PR협회(IPRA) 마케팅PR 대상을 수상하는 영광을 획득했다.

**기업을 살리는
설득의 기술**

▮▮ 설득을 위해서는 레퍼런스 자료를 제시하라

사람들은 다른 사람들이 어떤 선택을 하는가에 아주 민감하다. 나의 서비스, 제품을 상대방이 선택하도록 하기 위해서는 얼마나 많은 사람들이 이 서비스, 제품을 선택했는지, 그리고 어떤 반응을 보였는지에 관한 다양한 레퍼런스 자료를 제시하는 것이 중요하다. 이런 자료들이 선택에 대한 불안감을 줄여준다.

사회규범 전략

사회규범 전략은 당신을 둘러싼 집단과 사회가 어떤 행위를 허가 혹은 금지하고 있다는 점을 인식시킴으로써 행위의 변화를 꾀하는 전략이다. 다수의 법칙 전략과 유사하지만 사회규범 전략은 특정 행위가 집단의 규범이며 이것을 어길 경우 따르는 처벌을 면하기 위해 행동을 선택하게 하는 전략이다.

▮▮ 에스컬레이터 두줄서기 캠페인의 실패

지하철에서 바삐 움직이는 사람을 위해, 에스컬레이터에서 그냥 서서 갈 사람은 한쪽(보통 오른쪽)에만 올라타고 나머지 라인을 비워두는 것이 생활화되었다. 일본, 캐나다, 대만, 러시아 등 많은 국가에서 한줄서기를 한다. 이런 나라에서 두줄서기로 길을 막아보면 얼마 지나지 않아 비키라는 소리를 듣거나 심하면 욕을 먹을 수도 있다. 한줄서기 운동을 주도한 문화시민운동중앙협의회는 문화체육관광부 국어민족문화팀 소관의 관변단체(정부에 의해 의도적으로 지원, 육성되는 비영리단체)이다. 한줄서기는 그 효율성과 편의성 덕분에 급속하게 정착했다. '빨리 갈 사람은 빨리 가고 쉬어 갈 사람은 쉬어 가는' 방식이 모든 사람들의 취향을 완벽히 맞춰줄 수 있었기 때문이다.

　하지만 몇 년 지나지 않아 안전사고의 위험성 및 에스컬레이터의 부담 등의 문제가 지적되어 다시금 두줄서기를 권장했다. 이는 안전행정부와 한국승강기안전관리원 등이 주도했다. 모든 지하철 역에서 시행한 것은 아니다. 외국인들이 많이 이용하는 서울역 공항철도 에스컬레이터는 한줄서기를 유지했다. 다른 곳에서 두줄서기를 권장하는 안내포스터를 보다가 막상 공항철도에 붙어있는 영어 · 중국어 · 일본어 한줄서기 안내문을 보면 기분이 묘해지는 상황이 연출된 것이다. 해외는 대부분 한줄서기를 시행하기 때문에 외국인들에게 두줄로 서라고 하는 것이 무리라는 것을 인정한 것으로 추정된다.

　공사 측도 나름대로 열심히 두줄서기를 홍보했지만, 그 실효성은 생각보다 느리게 나타났다. 한줄서기를 하면 좀 더 빠르게 이동할 수 있다는 효율성이 그 원인, 물론 에스컬레이터의 길이에 따라 시간은 달라진다. 정부 소관의 관변단체가 중심이 되어 선진 시민문화를 명목으로 강압에 가깝게 한줄서기를 정착시켜 놓고, 다시 안전을 이유로 말을 바꾸어 후진 시민문

화라던 두줄서기를 다시 권장하는 모습은 그리 보기 좋지 않은
것이 사실이다.

동질감을 이용하는 전략

우리는 어떤 종류의 관계에서 서로에게 가장 호의적으로 대
할까? 그에 대한 답은 서로 같은 부류라고 생각하는 동질감이
다. 그런데 그 동질의 수준에는 미묘하지만 중요한 차이점이 있
다. 바로 "그는 우리와 비슷한 사람이야(Oh, that person is like
us)."라고 말하는 정도가 아니라, "그는 우리 사람이야(Oh, that
person is of us)."라는 말이 나올 정도의 사이여야 한다는 것이다.

예를 들어보자. 나는 내 형제보다는 직장 동료와 취향과 선
호도 면에서 공통점이 많다. 그렇지만 둘 중 누구를 '내 사람'으
로 여기고 누구를 '그저 나와 비슷한 사람'으로 여길지, 나아가

영화진흥위원회 '무비히어로' 캠페인

영화의 온라인 소비가 늘어나는 추세에도 불구하고 영화의 합법적 유통 촉진을 위한 캠페인이 핵심타깃인 1030대에게 어필하지 못하는 현실을 개선할 필요가 있었다.

●기획= 영화 불법 복제물 유통으로 인해 합법 저작물 시장의 침해 규모가 확대되어 영화진흥위원회에서는 영화 온라인 합법유통 촉진을 위한 '무비히어로' 캠페인을 론칭했다. 그러나 낮은 인지도와 오인지의 문제로 실질적인 참여도가 떨어지는 한계점을 드러냈다.

●전략= 대표적인 모바일 콘텐츠 소비자이자 영화 온라인 불법복제물에 노출 가능성이 큰 1030대를 핵심 타깃으로 설정해 행동 유발형 캠페인 광고와 참여형 프로그램을, 서브타깃인 콘텐츠 창작자 및 유통사업자에게는 타깃 접점 및 플랫폼 협업, 국민 공감형 요소 콘텐츠 개발 등을 통한 캠페인 동참을 촉구했다.

●프로그램= ①광고 캠페인 ②50인의 무비히어로즈 엔도서 그룹 운영 ③캠페인 SNS 운영 ④플랫폼사(IPTV)와의 협업 등 온 · 오프라인의 프로그

**기업을 살리는
설득의 기술**

램을 통해 확산에 주력. 특히 천만 관객을 모으며 큰 사랑을 받았던 〈신과함께〉 영화를 패러디한 영상 광고는, 합법 다운로드 영화를 관람하면 귀인이 되어 무비히어로로 다시 태어난다는 메시지를 담아 흥미를 끌었다. 즉, '합법 다운로더=귀인=무비히어로'라는 메시지 전략으로 불법에서 합법적인 다운로드가 진정한 히어로임을 강조하여 실질적인 인식·행동에 변화 계기를 마련, 캠페인 동참에 기여했다.

● 효과= 주요 타깃인 젊은 층이 주로 이용하는 온라인 매체(유튜브, 페이스북, 인스타그램 등)를 적극 활용하며 캠페인 광고 2,109,995회 도달 기록, 페이스북 팔로워 수가 큰 폭으로 증가하는 등 높은 참여도를 기록하며 캠페인에 대한 주목도를 제고시키는 데 성공했다. 또한 국내에서 불법 복제물 유통도 급격히 감소하고 있다.

'필요할 때 누구를 더 도울지'에 대해서는 의문의 여지가 없다. 이 말은 유사성만으로는 동질감을 경험할 수 없다는 뜻이다.

　사회과학자들은 자신과 타인의 중첩되는 감정을 측정하고 그것이 초래하는 문제들을 확인하는 과정에서 공동체 의식을 낳는 두 가지 요인을 밝혀냈는데, '같아지기' 그리고 '같이 행동하기'이다. '같아지기' 개념의 대표적인 예인 '혈연관계'를 통해 '같아진다'는 것의 의미와 혈연의 힘을 알 수 있다. 유전적 관점에서 보면 한 가족, 즉 같은 핏줄이라는 건 타인과의 동질감 중에서도 가장 궁극적인 형태다. 진화론적인 관점에서 보면 사람은 상대적으로 작은 것일지라도 자신이나 친족에게 이점이 있어야 어떠한 행위를 한다.

　중요한 건 정체성 공유다. 이는 정치나 종교적 소속감과 더불어 인종과 민족, 국적 그리고 가족처럼 개인들이 자기 자신과 소속 집단을 정의하는 데 사용하는 범주가 기준이 된다. 이런 범주들의 주요 특징은 그 안에 속한 사람들이 서로 통합된 하나라고 느낀다는 것이다. 또한 범주 안에서는 한 구성원의 행동이 다른 구성원의 자존감에 영향을 미친다. 간단히 말해서 '우리'는 '중첩된 또 다른 나'인 것이다.

　우리의 의식 속에 혈연 개념을 불러일으키는 사전 설득적인 언어로 형상화하면 이 역시 가능하다. 형제, 자매, 조상, 조국, 유산과 같이 '가상의 가족' 이미지를 떠올릴 수 있는 단어를 사용해 공동체 의식을 만드는 것이다.

▟ 네슬레의 '가족' vs 맥도날드의 '여성'

네슬레는 "어머니의 마음으로 고객의 건강을 생각한다"는 슬로건과 함께 세계 최고의 식품회사로서의 명성을 유지하고 있다. 네슬레 브랜드가 주는 가장 대표적인 느낌은 바로 따뜻함, 가족이다. 네슬레를 생각하면 어린 시절을 함께 보낸 추억으로 아련하고 마음이 따뜻해지는 소비자들이 많을 것이다. 소비자들이 네슬레로부터 느끼는 것은 오래전부터 자연스럽게 쌓아 온 강한 친밀감이다. 브랜드 네임 자체도 스위스, 독일어로 '작은 둥지(nest)'를 의미하며 로고 타입 역시 포근함을 상징하는 새 둥지를 활용해 디자인 했다.

맥도날드의 M 로고가 W로 뒤집어진 일이 있었다. '전세계 여성을 기념하겠다'며 맥도날드는 미국 캘리포니아 린우드 지점의 로고 간판을 뒤집었다. 전 세계 언론이 주목했고, 한국의 언론도

둥지를 뜻하는 네슬레의 로고(왼쪽)와, 2018년 세계 여성의 날을 맞아
맥도날드가 로고 M을 W로 바꾼 모습.

란제리룩을 입고 란제리를 판다

　초대형 란제리 브랜드들과 경쟁하기 위해 섹시쿠키는 기능성 대신 섹시한 란제리룩을 마케팅 콘셉트로 정하고 동질성을 무기로 하는 퍼포먼스를 통해 영향력 확대에 성공했다.

●기회= 2010년 ㈜좋은사람들에서 새롭게 론칭한 섹시쿠키는 기존 국내 란제리 브랜드 비너스, 비비안과는 확연한 차별성을 가지고 있다. 비너스의 '올려주세요'라는 광고에서 보여지듯, 비너스와 비비안은 모아주고 올려주는 속옷의 기능성을 강조하고 있다. 아름다운 실루엣을 위해 조임의 미학을 그대로 실천하고 있는 브랜드인 셈이다. 반면, 섹시쿠키는 스타일링이 가능한 속옷으로 몇 년 사이 화두로 떠오르고 있는 속옷의 겉옷화, 란제리룩을 표방해 새로운 영역을 확보했다.

● **전략**= 국내에서 절대 강자로 군림하고 있는 비비안과 비너스에 맞서 성공적인 시장진입을 하기 위해선 이러한 콘셉트를 명확히 전달할 필요가 있었다. 이처럼 긍정적인 시장 상황을 최대한 활용하기 위해 국내 속옷 시장에서 결여되어있는 '패션성'을 강조, 섹시쿠키의 메인 메시지를 '섹시& 스타일리시 란제리' 브랜드로 결정하였다. 이는 비비안, 비너스와 구별 짓는 결정적인 차별점이기도 했지만, 무엇보다 섹시쿠키의 브랜드 이미지를 명확하게 설명한다는 데에 이견이 없었다.

● **프로그램**= 판매 컨셉은 '판매사원들이 란제리룩을 입는다'는 것이었다. 명동거리에서 흔히 볼 수 있는 란제리룩을 백화점 안으로, 판매사원에게 입힌다면 어떨까? 캐주얼 브랜드에서 점장이 자사 브랜드를 입는 것은 이제 더 이상 특별할 것 없는 판매 전략이지만, 속옷 브랜드라면 이야기는 달라진다. 게다가 '란제리+룩'에서 '란제리'를 강조하게 되면 우리가 상상하던 특별한 그림이 그려진다.

● **효과**= '레깅스와 짧은 스커트, 란제리탑과 볼레로' 메인 타깃인 25~30세의 패션 룩을 그대로 재현했던 판매사원의 의상은 섹시쿠키만의 차별적인 판매 전략으로 거듭났고, 정직원 이외에 훨씬 도발적이고 섹시한 란제리를 입은 특별 판매사원을 활용함으로써 소비자의 관심을 유발했다.

맥도날드의 변화를 보도했다. "미국 맥도날드 10곳 중 6곳의 매니저가 여성이다. 우리는 조직 내 다양성을 추구하는데 자부심을 갖고 있다."

그런데 여기에 문제가 생겼다. 맥도날드의 의도는 가짜라는 반론들이었다. 활동가들은 맥도날드의 시스템이 여성에게 불리한 구조로 되어 있다는 것을 지적했고, 워싱턴포스트는 맥도날드가 최저임금 인상을 지속적으로 반대해 왔다는 것을 들어 이중성을 지닌 기업이라고 보도했다.

네슬레가 동질성을 이용한 전략을 통해 충성도 높은 고객들을 확보하는데 성공한 반면, 맥도날드는 여성과의 동질성을 주장해 보았으나, 부작용만 더 커진 셈이다. 여기서 설득 커뮤니케이션의 성패를 가르는 시사점을 찾아내는 것이 커뮤니케이터의 역할이 될 것이다.

넛지 전략

넛지(nudge)는 원래 '옆구리를 슬쩍 찌른다'는 뜻으로 누군가의 강요가 아닌 자연스러운 상황을 만들어 사람들이 올바른 선택을 할 수 있도록 이끌어 주는 것을 말한다. 이 단어는 행동경제학자인 리처드 탈러 시카고대 교수와 카스 선스타인 하버드대 로스쿨 교수가 공저로 출판한 〈넛지〉라는 책을 통해 세계적으로 유명해졌다. 〈넛지〉의 공동저자인 선스타인 교수는 오바마 정부에 금융, 환경 등 각종 규제를 총괄하는 직책으로 합류하여 미국 내 넛지 바람을 일으킨 장본인이기도 하다. 당사자의 자발적인 행동을 이끄는 넛지효과는 정책만이 아니라 사회 공익적 요소와 디자인, 마케팅, 광고 등 다양한 분야에서도 활용되고 있다.

넛지효과의 효과를 말할 때 자주 등장하는, 사례로, ① 환자에게 의사가 수술로 살아날 확률이 90%라고 말했을 때 ② 환자에게 의사가 수술로 죽을 확률이 10%라고 말했을 때 ①, ②의 상황에서 ② 즉, 죽을 확률이 10%라고 말하면 대다수의 환자가 수술을 거부한다고 알려져 있다. 긍정적 메시지를 던져야 긍정적 움직임을 얻을 수 있다는 관점이 성립된다.

▌▌ 피아노 계단, 농구골대 쓰레기통

폭스바겐의 '더 펀 써어리(The Fun Theory)' 캠페인이 넛지 효과를 활용한 마케팅으로 유명하다. 스톡홀름의 지하철 출구 계단을 피아노처럼 만들어 계단을 밟을 때 피아노 소리가 나게 했더니 계단의 이용률이 평상시보다 66%가 증가했다. 나이키가 제작한 농구골대 모양의 휴지통을 거리에 배치하여 거리의 쓰레기 수거율을 엄청나게 높인 사례도 있다. 일상생활 속에 스포츠가 함께 있다는 메시지도 전달하며 나이키에 대한 호의적인 이미지를 형성한 대표적인 사례이다.

넛지 전략은 사람들로 하여금 어떤 행동을 선택하게 만든다.

NH투자증권 채용 캠페인 'WE [NH]EED YOU'

공개 채용 시장에서 매우 낮은 인지도를 보유하고 있는 NH투자증권이 채용 브랜드를 정립하고 다양한 프로그램을 통해 메인 타깃층이 스스로 움직이도록 만들었다.

● 기획= 국내 4대 증권회사인 NH투자증권은 2014년 합병 이후 공개 채용을 진행하지 않아 채용 시장에서 매우 낮은 인지도를 보유하고 있었다. 그 결과 3년 만에 시행한 대졸 공채에서 선발한 인재가 다수 유출되는 등 채용정책의 신뢰 강화 필요성을 절감하게 되었다.

● 전략= NH투자증권 인재상과 비전을 담은 채용 브랜드를 정립하고, 기업명을 자연스럽게 접목시킨 채용 브랜드 슬로건 'WE [NH]EED YOU'를 통해 메인 타깃(20대 취업 준비생)에게 메시지를 전달하기 위한 넛지 디자인 전략을 기획했다.

● 프로그램= 기업 브랜드 컬러 시스템에 입각해 채용 브랜딩 슬로건이

담긴 키 비주얼을 활용해 ①온·오프라인 홍보물 제작 ②채용 공고 게재 ③ 잡 포털 내 '슈퍼 기업관' 제작 ④커뮤니티 배너 광고 집행 등 취업계층 타깃의 주목도를 제고시켰다.

●효과= 결과적으로 2018년 상반기 대졸 공개 채용에 총 지원자가 1027명이었던 것에 비해, 채용 브랜딩 프로젝트 시행 후 진행된 2019년에는 4021명이 지원하며 전년 대비 약 4배가 증가했다. 또한 상반기 공개 채용을 진행한 경쟁사 대비 압도적 검색 쿼리를 기록하며 증권회사 취업에 관심이 있는 타깃에게 인지도를 높이는 데에도 성공했다.

전철에서 쩍벌남을 방지하기 위한 '발모아 스티커'는 남의 시선을 의식하게도 하지만, 바닥의 발모양에 자신의 발을 맞추고 싶어하게 만드는 넛지효과를 노린 전략이다.

자연스러운 참여를 유도해 긍정적인 효과를 가져오는 넛지 디자인은 이미 많은 기관들이나 정책에 사용되고 있다. 특히 생활 속에서 자원절약이나 환경오염 등의 문제점을 일깨워주는 넛지 디자인들은 자원을 절약하는 좋은 습관을 만들어주기도 한다.

집단습관 전략

하나의 상품을 알리고 광고하는 대신, 그 상품을 사용하는 환경을 만들어 누구나 그 환경의 필요성을 인정하게 되면, 그 상품은 저절로 판매되게 된다. 이런 효과를 노린 설득 커뮤니케이션이 '집단습관 전략'이다. 즉, 집단습관을 만듦으로써 그

속에 있는 제품들이 소비자에게 어필되는 방식이다.

베네이즈는 자신의 저서 〈프로파간다〉(Propaganda, 1928)에서 기존의 보편적인 선전 방식을 옛 방식이라 말하며 자신을 '새로운 선전가'로 칭했다. 〈프로파간다〉가 출간된 1928년을 기준으로 당시의 보편적인 선전은 오늘날의 보편적인 선전들과 크게 다르지 않다. 베네이즈의 〈프로파간다〉에 따르면 구시대적 선전가는 피아노를 알리는 것에 주력하는 반면 새로운 선전가는 '집단습관(Group Custom)'을 이끌어내어 피아노가 팔리는 환경을 만드는 것에 주력한다. 집단 습관이라는 용어가 생소할 수 있지만, 사실 누구나 쉽게 경험하는 현상이다. 예를 들어 한국에서 대다수 아주머니들이 파마머리를 하는 것, 중년층이 등산복을 즐겨 입는 것 등이 모두 집단습관에 해당된다.

베네이즈는 피아노에 대한 집단습관을 이끌어내기 위해 '가정 음악실'을 유행시키는 방법을 제안한다. 먼저 이름난 인테리어 디자이너와 협력하여 '뮤직 룸 페어' 행사를 개최하고 시대별 가정 음악실을 전시한다. 가정 음악실은 적절한 소품과 장식들로 고급스럽게 연출한다. 그다음 유명 음악가들을 섭외해 가정 음악실에서 연주회를 열고 영향력 있는 사람들을 대거 초청한다.

이것이 반복되다 보면 많은 사람의 머릿속에는 전에 없던 '가정 음악실'이라는 개념이 생겨난다. 최신 트렌드에 민감한 인테리어 디자이너들은 고객에게 가정 음악실을 제안하기 시작한다. 가정 음악실이 점차 집단습관으로 자리 잡게 되면서 굳이 따로 피아노를 선전할 필요가 없게 된다. 사람들이 가정 음악실에 놓을 피아노를 사기 위해 제 발로 찾아오기 때문이다. 이것이 베네이즈가 프로파간다에서 주장하는 선전법이다.

세계적 경영학자 톰 피터스는 "할리 데이비슨은 모터사이클을 파는 게 아니라 '경험'을 판다"고 했다. 그 경험의 중심에는 '호그 문화'가 있다. 종교나 우상처럼 고객을 포로로 만들고 열병을 앓게 만드는 브랜드를 컬트(cult) 브랜드라고 하는데, 할리 데이비슨은 그 원조(元祖)이자 대표주자라고 할 수 있다.

할리 데이비슨의 고객 동호회 모임인 호그(H.O.G.; Harley Owners Group) 회원들, 일명 호그족들은 몸에 할리 데이비슨 문신을 새길 정도로 절대적인 브랜드 로열티를 보인다. 군대를 방불케 하는 클럽의 정밀한 규칙도 참여자에게 오히려 재미를 준다. 할리데이비슨 고객 동호회인 호그(H.O.G.) 행사에는 남녀 바이커들은 물론이고 그들의 가족까지 참여하는 경우가 많다.

일본 모터사이클 기업들이 비교적 저렴한 가격과 효율적인 성능으로 시장을 침투하고 있을 때, 할리는 기능 대신 오감(五感)에 호소하는 전략으로 대응했다. 대표적인 무기가 '할리 사운드'로 불리는 특유의 큰 엔진 소리다. 할리는 이 소리를 흥분된 심장 박동에 비유하며 '자유의 상징'으로 삼았다. 소리를 어떻게든 줄여보려 했던 일본 모터사이클과는 완전히 다른 길을 간 것이다. 할리 데이비슨 임원들은 할리 데이비슨 문화를 팔기 위해 전 세계를 누빈다. 사장이 직접 연간 300회 이상 미국 내부와 해외로 출장을 다닌다. 이렇게 '문화'를 팔아 형성된 열광적인 고객층은 할리에게 다시 없는 자산이다.

이처럼 집단습관이 형성되면 기업의 입장에서는 큰 지지세력을 만들어 경영에 도움을 받을 수 있다. 경영 컨설턴트 프레데릭 라이히엘드의 조사에 따르면 신용카드 회사가 고객 유지율을 5% 늘리면 회사 수익은 2배가 늘어난다고 한다. 그만큼 집단습관을 확장하면 기업에 큰 이익을 가져온다.

진정성 전략

진실성은 옳고 그름의 객관적 잣대가 있다. 그래서 옳은 것은 모든 사람에게 보편적으로 옳은 것이고 틀린 것은 모든 사람에게 그릇된 것이라는 가정에 근거한다. 보편적 윤리, 양심, 자유와 평등, 평화 등의 가치나 보편적 과학적 진리에 의해서 판단되는 영역이 여기에 속한다.

진정성(Authenticity)은 진실성과는 전혀 다른 개념이다. 진정성의 기준은 보편적 옳고 그름의 문제보다는 자신의 내면과 자신이 밖으로 표출한 것 사이에 어느 정도 괴리가 있는지의 문제이다. 자신이 내면적으로 어떤 스토리를 가지고 있는데 자신

코웨이 렌탈 디지털 커뮤니케이션

다양한 제품들을 렌탈하고 있는 코웨이는 젊은 층에 상대적으로 취약하고 특정 제품만 인기를 끌고 있다는 한계를 극복하기 위해 다양한 채널을 통한 고객층 확대 전략이 필요했다. 젊은층에 집단습관이 형성되도록 할 필요가 컸다.

●**기획**= 코웨이는 브랜드 인지도에 비해 경쟁사 대비 젊은 층의 인지도가 상대적으로 낮을 뿐 아니라, 주요 제품인 공기청정기, 정수기 외 의류청정기, 매트리스, 안마의자 등의 기타 제품들은 낮은 인지도가 문제였다.

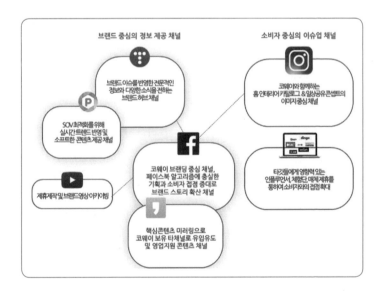

**기업을 살리는
설득의 기술**

●**전략**= 급변하는 디지털 트렌드에 맞추어, 채널운영 및 소비자지향 콘텐츠 생성 투 트랙 전략으로 온라인 채널 중심의 다각도 접근을 시도했다. 이에 자사 채널을 통한 다양한 제품별 소비자 노출 확대 및 소통 허브의 역할로 브랜드 호감도 상승을 이끌어내기 위한 전략을 구성했다.

●**프로그램**= 코웨이는 채널별 타깃을 분석해 최적화된 콘텐츠를 개발, 일상 연계 및 시즌 이슈에 맞는 다양한 콘텐츠로 소비자와의 소통지수를 높였다. 행동 유도형 콘텐츠를 비롯해 대국민 체험단 모집, 웹진 형태의 콘텐츠 시리즈 발행 등 젊은 소비자들과의 접점을 확대시킬 수 있는 콘텐츠를 생성하며 일상에서 습관적으로 코웨이 브랜드를 접할 수 있도록 유도했다. 또한 디지털 매체 및 유튜버, 인스타그래머 등과 협업하며 주요 제품 외에 신제품 론칭 이슈 등에 대한 콘텐츠를 다량으로 생산하며 노출 커버리지 확대 및 구매를 유도했다.

●**효과**= 과거 방문판매의 대가였던 코웨이가 결과적으로 페이스북부터 인스타그램, 블로그, 포스트, 유튜브 등 일상에서 소비자들이 가장 쉽게 정보를 접할 수 있는 온라인 채널을 통해 제품의 간접경험을 확대시키며 젊은 층을 공략하여 '코웨이=환경가전 렌탈 No.1 브랜드'라는 이미지를 재구축하는 데 성공했다.

LG프라엘 대규모 체험단 운영

한국에서 생소한 제품을 어떻게 소비자의 태도를 형성하여 일상용품으로 자리잡게 할 것인가가 과제였다. LG전자의 뷰티 브랜드 LG프라엘이 인지도를 높이기 위해 택한 전략은 체험단을 대규모로 모집해 그 체험을 많은 사람들이 공유하도록 하는 것이었다.

●기획= 주로 냉장고와 청소기 등의 생활가전을 만들던 LG전자의 첫 뷰티 브랜드인 LG프라엘은 한국에서 생소한 홈 뷰티디바이스로 소비자들에게는 인지도가 낮은 상황이었다. 또 제품 효과에 대한 의문이 있어 신뢰도 확보도 필요함에 따라 단기간에 소비자 인식을 개선하기 위한 소비자 참여형 프로그램을 기획하게 되었다.

●전략= 브랜드 전략으로 피부과에 가지 않고도 경제적이고 효과적으로 피부 관리를 할 수 있는 뷰티 솔루션으로 제안하며 LG프라엘의 경쟁 우위를 강조했을 뿐 아니라, 국내 판매 중인 가정용 LED 마스크 중 유일하게 미국 FDA CLASS 2 인가를 받아 안정성과 효능이 입증된 제품이라는 점을 부

각시켰다. 이를 토대로 소비자들이 생소한 뷰티디바이스를 직접 사용해보고 자발적으로 바이럴에 동참할 수 있도록 대국민 체험단을 기획·실행했다.

●프로그램= 대국민 체험단은 ① 사용 후기 공유 이벤트 ② 6개월 장기 사용 체험단 ③ 넥케어 신제품 체험단 등으로 나누어 진행했다.

① 사용 후기 공유 이벤트: 프라엘 론칭 2주년 기념 실구매고객 대상 사용 후기 공유 이벤트를 진행하며 프라엘을 통해 갖게 된 나만의 뷰티 꿀팁과 루틴을 소개, 100% 리얼 후기를 생성했다.

② 6개월 장기 사용 체험단: 오랫동안 제품을 사용한 진성고객이 이야기하는 프라엘의 효과를 담은 콘텐츠 생산 및 확산, 과장 광고 이슈 관련 효능·안전성에 대한 부정적인 오해를 해소하며 브랜드 우호 여론을 형성하는 데 기여했다.

③ 넥케어 신제품 체험단: 3040대 유저가 많은 네이버 카페와의 제휴를 통해 이벤트 홍보 및 참여를 독려, LG 프라엘의 신제품을 가장 먼저 체험해볼 수 있다는 가치 부여를 통해 참여도를 제고시켰다.

●효과= 이러한 대국민 체험단 프로젝트는 대다수의 사람들에게 집에서도 간편하게 피부 관리를 할 수 있다는 LG프라엘의 소구점을 강조시키며 홈 뷰티디바이스의 인식을 대중화하고 시장을 확대했다는 평가를 받았다. 즉, 데일리 홈케어 방법으로 뷰티디바이스를 강조함과 동시에 LG프라엘만의 차별화된 특장점을 어필하는 집단습관의 전략으로, 뷰티 디바이스의 '대중화'와 LG프라엘의 '대세화'를 동시에 이끌어낸 것으로 평가 받고 있다.

이 밖으로 드러내 실천하고 있는 삶 자체도 이 스토리에 근거하고 있다면 이 사람은 진정성 있는 삶을 살고 있는 것이 된다. 기업도 마찬가지다. 기업은 비전, 미션, 가치를 기반으로 한 자신의 내면의 스토리를 가지고 있다. 이런 스토리에 기반해 일관되게 기업을 운영하고 있다면 이 회사는 진정성이 있는 회사이다. 회사의 비전, 미션, 가치가 자신들의 사업을 하는 방식에는 전혀 적용이 되지 않고 고객에게 보여주기 위한 플래스틱 비전, 미션이라면 이런 회사는 진정성이 없는 회사이다.

이런 점에서 진정성은 성실성과도 대치된다. 내면의 스토리는 다른 스토리를 가지고 있어도 다른 사람에게 보여지는 이미지는 믿을만한 사람으로 각인된다면 성실한 사람일 수는 있지만 진정성 있는 사람은 아니기 때문이다. 사기꾼들은 사기를 치기 위해서 성실성을 연출한다.

20세기의 세상은 환경변화가 미미해서 과거의 결과를 종합하면 미래도 비교적 정확하게 예측할 수 있었다. 따라서 문제의 관점도 옳고 그름의 관점인 객관적 진실성이 주도하고 있었다. 회사의 비전도 맞고 틀린 비전을 이야기할 정도로 경영환경이 예측 가능한 시대였다. 하지만 21세기, 이 변화무쌍한 시대는 과거의 정답이 미래의 정답을 예측할 수 없는 세상이다.

누구든 미래에 대한 설득력 있는 스토리로 현실을 구성하고, 그에 대한 믿음을 사람들에게 설파할 수 있는 사람들만이 그 스토리를 구현할 수 있는 세상이 되었다. 회사의 비전도 맞고 틀린 비전의 문제라기보다는 구성원들이 이런 비전에 얼마나 강한 믿음을 공유하고 이것을 사업하는 방식으로 이용하고 있는지가 더 중요한 문제가 되었다. 이런 세상에서는 진실성의 잣대로 세상을 판단할 수 있는 영역은 점점 축소되고 자신의 내면에서 흘러나온 스토리가 다른 사람들에게 얼마나 감동을 줄 수 있는 믿음으로 작용하고 있는지, 즉 진정성이 판단의 기준이 되고 있다.

진정성은 기업이나 개인들 모두에게 적용되는 21세기의 시대정신이다. 앞으로의 세상에서 진정성이 없는 개인이나 기업이 초일류가 된다는 것은 낙타가 바늘구멍을 통과하기보다 더 힘들 것이다.

진정성을 설득 커뮤니케이션에서 전략으로 활용할 때, 어떤 사실을 전달해 진정성을 확보하는 자연적 진정성 전략과 부정적인 면까지 솔직히 알려 브랜드의 진정성을 인정받는 내재적 진정성 전략이 있다.

2012년 미 뉴욕주 허드슨강 상류에 문을 연 양주 생산업체 코퍼시(Coppersea)는 19세기 미국인들이 쓰던 전통적인 방식으로 위스키를 만든다. 인근 농장에서 직접 재배한 보리·호밀 등 곡물을 가져다가 바닥에 깔아 놓는다. 사람이 직접 연장을 들고 곡물을 뒤집으며 갈퀴질을 한다. 그리고 이 곡물을 커다란 통에 넣고 손으로 저어 주며 열을 가한다. 대형 기계를 쓰는 것보다 훨씬 시간이 오래 걸리고 정성이 많이 들어간다. 그런데도 코퍼시가 전통적 방식을 고집하는 이유는 이런 정성과 시간이 마케팅 포인트이기 때문이다. 코퍼시는 몇 년간 주요 주류 잡지에서 주목을 받으며, 기존 대형 주류업체들이 놓치고 있는 소비자들 사이에서 인기를 끌고 있다. 대량생산에 따른 비용 절감이라는 대기업의 강점을 무력화시키는 브랜드 전략이 먹힌 것이다.

미국의 화장품 업체인 키엘(Kiehl)도 유사한 전략을 펼치고 있다. 키엘은 유명 모델을 활용한 광고와 용기 디자인에만 열을 올리는 타 화장품업체와 달리 수수한 디자인 용기에 고품질의 천연 재료를 사용한다는 점을 부각시키고 있다. 또 화장품 용기에 제품의 재료와 성능을 깨알 같은 글씨로 상세히 설명함으로써 회사의 열정을 드러내고 있다. 제품 가격이 고가임에도 불구하고 이러한 진정성 마케팅을 통해 세계적으로 크게 성공했다. 국내에서도 런칭 후 좋은 반응을 얻고 있다.

미국 스탠퍼드대 경영대학원 글렌 캐럴 교수는 코퍼시처럼 가치를 추구하고 신념을 밀어붙이는 제품들의 경쟁력으로 '진정성'을 꼽았다. 대기업이나 유명한 브랜드가 아니더라도 진정성을 보여주는 제품이라면 소비자의 신뢰를 얻는다는 것이다. 캐럴 교수가 말하는 진정성은 '진심'보다 훨씬 더 광의의 개념이다. 정통적이고 인위적이지 않다는 특징, 일관된 가치를 추구하고 사회적·도덕적 이슈에 깨어 있다는 특징을 모두 포괄하는 진정성으로 봤다. 그는 현대의 소비자들이 자신의 가치에 맞는 상품을 선호하는 '가치 소비'의 경향을 가지고 있는데, 이런 소비자의 가치에 부합할 수 있는 것이 '진정성'이라고 주장했다.

목소리기부 사회공헌 캠페인 '착한도서관 프로젝트'

외국계 은행으로서 고객에 신뢰받으며 지속적으로 비즈니스를 영위하기 위해서는 사회에 꾸준히 공헌하는 시티즌쉽이 필요하다. SC제일은행의 사회공헌 캠페인 '착한도서관프로젝트'는 시각장애인을 위한 문화 콘텐츠를 개발하면서 진정성 있는 프로그램을 통해 32만명이 참여하는 사회적 아카이브를 형성하는데 성공했다.

▷**기획 및 전략**= 2011년부터 시작된 '착한도서관프로젝트'는 시즌 1부터 시즌 8까지 32만여 명이 참여한 SC제일은행의 대표적인 사회공헌 캠페인이다. 이 캠페인은 문화 및 경제교육의 사각지대에 놓인 시각장애인들을 위해 책, 영화, 미술작품, 문화재 등의 콘텐츠를 개발하고, 일반인들의 목소리 기

**기업을 살리는
설득의 기술**

부를 통해 오디오 콘텐츠를 만드는 대한민국 대표 목소리 기부 캠페인으로 자리 잡았다.

▷**프로그램**= 착한도서관프로젝트는 국내 시각장애인들에게 가장 필요한 요소가 다양한 문화/오디오 콘텐츠 보급이라는 점에 착안해 시작됐다. 특히 기업의 일방적인 기부 활동이 아닌 시각장애에 대한 관심을 증대하고 일반인들의 재능기부의 장을 만들어 주고자 온−오프라인 캠페인으로 전개해 호응을 얻고 있다. 2019년 시즌 8을 맞이한 착한도서관프로젝트는 '시각장애 청년, 퓨처메이커스를 위한 창의적 기업가 가이드'라는 주제로 진행됐다. 서울 종로구 본점에서 개최한 '착한목소리페스티벌'에 목소리 기부 희망자 1만여 명이 참여했으며 20명의 시각장애인이 직접 오디션의 심사를 맡았다. 오디션에서 최종 선발된 참가자 100명은 오디오 가이드에 수록될 콘텐츠 낭독 봉사에 참여하고 완성된 오디오 콘텐츠는 기부된다.

▷**효과**= SC제일은행은 착한도서관프로젝트를 통해 10년간 시각장애인을 위한 여행책, 영화, 미술작품, 서울시 문화재, 청소년 경제교육, 진로탐색 사전, 아시아 여행 안내서 등 다양한 주제의 콘텐츠를 만들어 왔다. 지금까지 2만 5000여 건의 오디오북과 점자책, GPS가이드, 무료 스마트폰 앱 등을 제작해 전국 맹학교와 시각장애인 단체 · 기관에 기부했다. 또한 모든 콘텐츠를 모바일 앱에서도 이용 가능하도록 제작해 무료로 배포했다. 이 콘텐츠와 제작물들은 모두 (사)한국시각장애인연합회를 통해 전국 맹학교와 시각장애인 유관단체에 기부됐다. 이제 시각장애인의 시청각 도서 은행이 된 것이다.

풀무원, 바른먹거리 캠페인

풀무원이 어린이들에게 바른먹거리 선택법을 알려주는 '바른먹거리 확인 캠페인' 교육을 확대 시행하고 있다.

●기획 및 전략= 풀무원은 바른먹거리를 만드는 일 못지않게 바른먹거리의 중요성을 널리 알리고 바른 식습관을 교육하는 일이 식품회사의 중요한 사회적 책임이라고 생각했다. 2010년 초등학생을 대상으로 한 식품표시 교육에서부터 시작된 바른먹거리 캠페인은 이제 학부모와 교사들의 전폭적인 지지를 받으며 미취학아동, 초등학생, 성인 교육으로까지 확대되고 있다.

●프로그램= '바른먹거리 확인 캠페인'은 기존에 초등학교 3,4학년 어린이를 대상으로 교육을 진행하였으나, 하반기부터는 미취학 어린이들을 대상

으로 한 유치부 수업이 새로 개설돼 6,7세 어린이들도 바른먹거리 확인 캠페인 교육에 참가할 수 있게 됐다. 풀무원은 교육과학기술부가 인성 교육을 위해 중점적으로 추진하고 있는 밥상머리교육을 범사회적으로 확산시키는데 일조하고자 '밥상머리교육 · 바른먹거리 실천' 캠페인을 함께 진행해 나가기로 했다. 풀무원은 교육과학기술부와 함께 식재료 구입에서 요리, 밥상 차리기까지 전 과정을 가족구성원들이 함께 체험하면서 자연스럽게 대화를 유도하는 '체험형 밥상머리교육 프로그램'을 운영하고 있다. 또한 바른먹거리와 연계한 밥상머리교육 프로그램 및 자료를 개발하고, 배포도 지원하고 있다.

●효과= 이 캠페인은 아이들이 바른먹거리에 대해 갖는 인식을 새롭게 했고, 그 결과로 풀무원은 한국능률협회컨설팅(KMAC)이 주관하는 '2020 한국에서 가장 존경받는 기업' 올스타(All Star) 30에 14년 연속 선정됐다.

설득의 비밀병기

: 무조건 세 가지는 통한다

3장

설득의 비밀 병기
: 무조건 세 가지는 통한다

설득 커뮤니케이션을 '여론'이라는 틀에서 보면, 커다란 이익
이나 집단적 이념과 관련되면서 좀 더 심각해진다. 앞서 언급
한 다양한 설득의 기술들은 어떻게 해서든 실용적 가치가 있는
설득의 근거들을 발굴해 내고, 거기에 옷을 입혀 효과를 극대
화하는 방법들이었다. 이제부터 살펴볼 것은 설득을 위해 한층
적극적으로 커뮤니케이터가 '개입'하는 현상들이다. 특정부분
을 강조해 전체를 호도한다든가, 아예 조작하는 경우 등이 대
표적이다. 이를 여론의 관점에서는 '여론조작'이라고 할 수도
있고, 설득의 관점에서 '수단방법을 가리지 않는 설득전략'이라
고 볼 수도 있다. 필연적으로 발생하는 윤리의 문제를 외면하
는 극단적 설득전략들이다.

그중 하나인 '프레임 개념(Frame theory)'은 뉴스가 사회적으로 구성된다는 이론에 바탕을 두고 있다. '뉴스는 세상을 향해나 있는 창'이라는 개념이다. 이러한 사회적 접근과는 달리 프레이밍(Framing)이라는 용어를 선호하는 심리학적 분석의 연구들은 뉴스 보도 양식이 수용자의 선택과 해석에 미치는 효과에 주목한다. 반면, '프레이밍'은 다른 것은 무시하게 하고, 특정한 문제에 주의를 집중시킴으로써 뉴스가 한 부문을 평가하는 기준에 영향을 미치도록 하는 것이다.

이런 전략이 유효하게 먹히는 것은, 언론은 결국 현실을 있는 그대로 반영할 수 없을 뿐만 아니라, 오히려 현실을 사회적으로 구조화한다는 대중들의 시각 때문이다. 그리고 이 구성된 현실은 또 하나의 현실로서 다시 미디어에 반영되는 순환을 반복한다. 이 과정에서 생겨난 대중수용자의 인식의 총합이 결국은 여론인 셈이다. 그러기에 이 프레이밍과 프라이밍을 여론의 관점에서 이해하고 생각해 볼 필요가 있다.

여론조작

스핀닥터(Spin Doctor). 이 낯선 용어는 사실 설득 커뮤니케이션에서 아주 중요한 개념이다. 스핀닥터는 흔히 정치적 목적을 위해 사건을 왜곡하거나 조작하는 사람이자, 국민의 생각이나 여론을 정책으로 구체화시키고 정부 수반의 생각을 국민에게 납득시키는 역할까지 수행하는 사람을 일컫는다(윌리엄 디난 외 지음 〈스핀닥터, 민주주의를 전복하는 기업권력의 언론플레이〉 시대 의창 펴냄).

대통령 선거를 앞두고 후보의 서민 이미지를 효과적으로 전달하기 위해 '국밥광고'를 하고 '시장먹방'을 하는 등 다양한 상황을 연출해 선거의 판세에 영향을 미치는 사람들은 어느 정부에나 있다. 이들은 후보 측의 깊숙한 진영에서 일하다가 정권 창출에 성공하면 청와대나 행정부의 요직에 들어가 각종 행사를 주관하는 등 정권의 이미지 관리에 중요한 역할을 하게 된다. 바로 이런 사람들이 스핀닥터다.

그런데 이들 스핀닥터는 사실 기업 권력의 언론 플레이어로 활약하는 경우가 더 많다. 〈스핀닥터, 민주주의를 전복하는 기업권력의 언론플레이〉의 저자들은 기업 권력의 언론 플레이어로 활약하는 스핀닥터들을 통해 기업의 이익을 위해 이루어지는 '홍보 거래'의 비밀을 낱낱이 파헤쳤다. 암살단을 활용해 콜롬비아 노동조합 지도자를 살해한 코카콜라, 영국 국방부와 유착 관계를 맺고 무기 거래 반대운동 시민단체에 들어가 정보를 캐내는 기업 스파이, 가짜 풀뿌리운동 단체와 웹사이트를 만들어 조작된 뉴스와 여론을 유포하며 미국 정계를 쥐락펴락하는 홍보 컨설팅 기업 등 현실세계에서 실제로 일어나고 있는 일들을 지목하며 스핀닥터를 경계하고 있다.

▌▌연구자의 탈을 쓴 '기업용병'

과학은 어느 분야보다도 객관적인 학문으로 여겨지지만 기업의 이익이 걸린 문제라면 과학적 원칙들이 무너지기 일쑤다. "담배의 유해성은 입증되지 않았다" "기후변화는 음모론"이라며 학계의 정설에 의혹을 제기하는 소수의 학자들이 논란을 부추긴다. 과거 담배업체의 이익을 옹호했던 일부 과학자들이 순식간에 '기후변화'로 주제를 갈아타고 석유회사들의 이익을 옹호하는데 앞장서기도 한다. 기후변화 회의론자들이 석유기업들로부터 거액의 자금을 지원받아 온 사실도 잇따라 적발된 적이 있다.

'기업의 용병'이 된 정치인과 과학자들을 둘러싼 논란도 뜨겁다. 짐 인호프 미국 공화당 상원의원(오클라호마)은 강성의 기후변화 회의론자이다. 상원에서 환경·공공사업위원장을 맡고 있던 그는 2016년 2월 의회 회의 도중 갑자기 밖에서 눈덩이를 뭉쳐와 바닥에 던지면서 "2014년이 기록적으로 따뜻한 해라고 하지 않았던가. 그러나 (지구온난화 주장과 달리) 지금 바깥은 이렇게 매우 춥다"고 조롱하기도 했다. 이러한 행동이 화제가 되자 언론들은 "인호프 의원이 선거를 치르며 다국적 석유메이저 BP가 운영하는 정치행동위원회로부터 선거운동자금 1만 달러(약 1114만원)를 받은 사실이 밝혀졌다"고 보도했다. 액수는 크지 않지만, 이는 석유 기업들이 국회의원들을 상대로 전방위 로비를 벌여오고 있음을 입증한 것이다.

인호프 의원의 연설에 단골로 등장했던 과학자가 바로 하버드-스미소니언 천체물리학 센터의 윌리 순 박사다. 인호프 의원은 순 박사의 연구결과를 바탕으로 "지구온난화는 사기극이란 사실이 과학적으로 증명됐다"고 주장하기도 했다.

기업이 과학자들에게 유리한 논문을 쓰게 하고 정치인들은 그 논문을 법안의 근거로 사용하는 방식은 반복적으로 활용되고 있다. 담배, 산성비, 오존구멍 문제 등에서 학계와 업계의 유착은 패턴처럼 반복된다. 나오미 오레스케스 캘리포니아대 교수가 쓴 〈의혹을 팝니다〉에는 프레드 싱어, 프레드 사이츠 등 '기업의 용병이 된' 과학자들이 등장한다. 이들은 로켓이나 원자폭탄을 전공한 학자들로 인체 건강에 관련해 아무런 전문성이 없음에도 불구하고, 담배의 유해성이 입증되지 않았다는 연구 결과들을 내놓았다. 담배회사들이 결국 소송에서 패하고 나자, 이번에는 석유기업들의 자금지원이 풍부한 '기후변화'로 무대를 옮겨 "지구온난화는 입증되지 않은 가설"이라는 주장을 펼친다. '의혹'을 제기하는 것만으로도 이들의 목적은 달성된다. 석유기업은 논란을 부추겨 기후변화 법안 통과를 저지하고, 정치인과 학자들은 자금을 지원받고, 홍보기업들은 석유기업의 반환경 이미지를 희석시켜 줄 수 있는 광고를 수주해 돈을 번다. 세계 최대 PR회사인 에델만은 2016년 7억4100만 달러의 수익을 올렸는데, 이 중 상당액은 미국의 석유기업들로부터 온 것으로 알려져 있다.

인공지능과 여론조작

　다른 쪽에서는 인공지능(AI)과 같은 새로운 테크놀로지 발전이 여론 조작에 활용되는 건 아닌지 우려하고 있다. 대표적인 것이 챗봇(ChatBot)이다. 대화가 가능한 수준의 인공지능인 챗봇은 SNS나 댓글 등 온라인 공간에서 가짜 뉴스를 퍼뜨리거나 사람의 의견인 양 게시물을 올리는 방식으로 여론 형성에 영향을 준다. 미국 시사지 애틀랜틱은 2016년 미국 대선 TV 토론회 당시 양 후보를 지지하는 트위터 메시지 중 $\frac{1}{5}$에서 $\frac{1}{3}$이 챗봇에 의해 작성된 것이라고 보도한 바 있다.

▰ 페이스북과 미국대선

　페이스북 데이터가 미국 대선에서 악용된 것은 댓글을 통한 여론 조작과는 또 다른 차원의 빅데이터 윤리 문제를 보여준다. 문제는 빅데이터를 활용한 인공지능이 야기할 문제들을 예측하고 그에 관한 윤리 규정을 만드는 것은 거의 불가능에 가깝다는 점이다.

　페이스북이 지난 미국 대선 당시 도널드 트럼프 대통령 후보 측과 연계된 데이터 회사에 유권자 개인 자료를 유출한 사실이 문제가 됐다. 이 문제를 보도한 미국 뉴욕타임스(NYT)와 영국 가디언에 따르면 페이스북은 이용자들에게 소정의 대가를 주고 '디스이스유어디지털라이프(thisisyourdigitallife)'라는 '성격 검사 앱'을 다운받도록 유도했다. 표면적으로는 성격 검사 앱이었지만, 실질적으로는 정치적 목적으로 교묘하게 설계된 개인 성향 분석 알고리즘 프로그램이었다. 이 앱을 다운로드 받을 경우 자신의 위치정보, 페이스북 친구, '좋아요'를 누른 콘텐츠 등의 자료를 개발자에게 제공하도록 설정됐다. 이를 통해 그들의 소비 성향에서부터 관심 있는 사회 이슈, 정치·종교적 신념 등을 파악했다.

이 문제에 대해 CNN은 "비록 제삼자가 개발한 앱으로 인한 자료 유출이라고 하지만, 페이스북이 이용자들을 보호하기 위한 충분한 조치를 취했는지 의문"이라고 비판적으로 보도했다.

▐▌ 드루킹의 여론조작 사건

한국에서도 비슷한 사건이 있었다. 바로 드루킹 사건인데 경제적공진화모임(경공모) 대표 김동원(필명: 드루킹)을 비롯한 경공모 회원이자 더불어민주당 권리당원들이 인터넷에서 각종 여론 조작을 하였다는 혐의 및 의혹이 불거진 것이다. 2018년 3월, 이들은 정부 여당에 인사 청탁한 것이 거부된 것에 반감을 갖고, 네이버 뉴스 기사 댓글에서 매크로 프로그램을 이용해 문재인 정부를 비방하는 여론 조작 활동을 한 것이 적발되었다.

여러 증거를 통해 드루킹 등이 문재인 정부 및 민주당의 주요 인사들과 연관이 있다는 의혹이 불거졌고, 주범인 드루킹은

이 사건의 최종책임자로 민주당 김경수 의원을 지목했다. 이를 조사한 특검은 수사 결과 보고를 통해 '드루킹 일당이 댓글 조작 1억 회 중 8,840만 회를 김경수와 공모한 것'으로 결론 내렸다. 특검은 드루킹을 업무방해와 정치자금법 위반 혐의로, 김경수를 업무방해와 공직선거법 위반 혐의로, 김경수의 보좌관을 뇌물수수 혐의로 각각 불구속 기소했다.

이 같은 방법은 심각한 여론조작 행위다. 일명 '밴드웨건 효과'(유행에 따라 상품을 구입하는 소비 현상)를 감안하면 수천~수만 명이 공감한 베스트 댓글 메시지는 여론을 왜곡할 수 있다. 더욱이 기사의 베스트 댓글만 읽고 기사 본문은 제대로 읽지 않는 뉴스 수용자가 적지 않은 점을 감안하면 그 효과는 상상 이상일 수 있다.

도대체 윤리는 어디에 있는가

기업의 사회적 책임 활동이나 기업 이미지 캠페인, 금연과 환경 보호 등 건강 캠페인을 포함한 공공 캠페인의 목적은 대체로 기업 혹은 이슈에 대한 공중의 태도와 행동을 의도한 방향으로 변화시키고자 하는 설득이다. 이러한 설득 과정에서 윤리적 적합성을 고려해야 한다. 여기서 윤리적 설득이란 타인을 존중하고 이해하며 상대방을 변화시키거나 자신을 이해시키는 데 있어 정당한 수단을 사용하는 과정을 말한다.

그런데 현실 속에서 공공 캠페인의 경우, 개인은 물론 사회의 이익을 위한다는 명목으로 실행하는 설득 수단이 윤리적으로 적합한지에 대해서는 간과해 온 경우가 많다. 상업적 설득뿐 아니라 공익을 위한 설득 상황에서도 공중이 갖고 있는, 그 설득 과정이 윤리적으로 적합한지에 대해 판단하는 내재적 지각이 캠페인의 설득 효과에 영향을 미칠 수 있다.

앞서 설명한 바와 같이 버네이즈는 '자유의 횃불(Torches of freedom)'이라는 기막힌 전략을 만들어 여성들의 흡연을 일반화하거나, 과테말라 사회주의 정권으로부터 위협을 받던 바나나수입회사 유나이티드 프루츠를 도와 사회주의 정권을 무너뜨리는 데 일조하는 등의 활동을 했는데 이는 비도덕적인 행위를 공익(public)의 개념으로 포장한 것일 뿐 일반적으로 용납되기 힘든 일들이다.

이처럼 의도적으로 부당한 목표를 창출하고, 부당한 수단을 활용하는 행위, 특히 선전(propaganda)의 일환으로 '음험한 목적을 달성하기 위해 배후에서 악의적 정보를 유포해 대중을 오도하는 행위'와 같은 부정적 활동에 대한 규제가 필요한 시점이다.

▮▮ 윤리 소비, 윤리적 기업, 새로운 트렌드로

근래 들어 새로운 마케팅 트렌드로 자리 잡은 윤리 소비, 윤리적 기업을 표방하는 브랜드가 늘어났다. 대표적인 사례가 바로 기업이 환경, 기아, 보건 등 사회적 이슈를 기업의 이익 추구에 활용하는 '코즈 마케팅(Cause Marketing)'이다. 신발을 구매할 때마다 아프리카 어린이에게 신발을 선물하는 탐스, 지진 피해를 입은 일본 동북 지역에 1,000엔 충전마다 100엔을 기부하는 스타벅스 재팬의 채리티 카드 등이 그 예다. 소비자는 '내 소비가 좋은 일로 이어진다'는 생각과 윤리적 기업과 함께한다는 가치를 부여하며 선뜻 지갑을 열게 된다.

또 하나 몇 년 전부터 SNS와 다큐멘터리 등에서 뜨거운 감자로 떠오른 이슈가 바로 '동물실험'이다. 많은 기업이 신약 개발이나 화장품 안전성 테스트 등을 위해 동물실험을 실시해 왔다. 농림축산식품부 조사에 따르면, 국내에서 하루에 사용되는 실험동물의 숫자만도 8,400마리(2017년 기준)에 이른다고 한다. 대부분의 동물실험에는 잔인하고 고통스러운 과정이 뒤따르기 때문에, 뷰티 업계를 중심으로 동물실험에 반대하는 기업이 늘어나고 있다.

러쉬(Lush)는 동물실험 근절과 대체시험 활성화에 기여한 단체나 개인에게 '러쉬 프라이즈'를 수여하는 등 꾸준히 동물실험 반대 캠페인을 진행해 왔다. 또한 '파이팅 애니멀 테스팅' 캠페인을 통해 토끼를 사용한 실험 없이도 과학적인 화장품 안전성 테스트가 가능하다고 말한다. 이러한 러쉬의 행보는 전 세계 소비자들로부터 큰 반향을 불러일으켰으며, 동물 친화적이고 친환경적인 러쉬의 이미지를 각인시키는 데 기여했다.

주변에서 가장 쉽게 접할 수 있는 윤리 소비라면 역시 공정 무역 제품을 들 수 있다. 공정무역은 생산자 간 직거래와 공정한 가격, 정당한 노동, 친환경 재배를 중심으로 한 소비 운동이다. 우리가 소비하는 커피 가격에 비해 제3세계 노동자들의 수입이 턱없이 낮다는 사실이 알려지면서, 세계적으로 공정무역 제품에 대한 선호가 높아지는 추세이다.

프레이밍
전략

흔히들 뉴스는 객관적이어야 한다고 말한다. 그러나 현실적으로 사람들이 모여서 뉴스를 기획하고 취재하고 작성하고 편집하는 과정에서 주관성이 개입하지 않을 수 없다. 뉴스는 현실을 있는 그대로 보여준다기보다는 현실의 일부분을 선택, 강조, 요약해서 보여주기 때문에 수용자는 뉴스를 통해서 선택, 강조, 요약된 현실을 볼 수밖에 없다.

뉴스가 현실을 특정한 방식으로 선택, 강조, 요약해서 나타냄으로써 수용자의 이해와 해석의 범위에 일정한 한계를 설정하는 효과를 프레이밍 효과(framing effect)라고 한다. 언론이 사회를 있는 그대로 반영하는 거울과 같은 존재라기보다는 현실에 대한 사회적 동의를 유도함으로써 오히려 현실을 만들어낸다는 구성주의적 시각이 내포되어 있다.

▐▐ 프레이밍 연구의 접근법

2000년 발표된 이준웅 서울대 교수의 논문 '프레임, 해석 그리고 커뮤니케이션 효과'에 따르면, 프레임 연구의 접근방법은 다섯 가지로 나뉜다. ① 사회적 상호작용 시각(The Social interactionist Studies) ② 텍스트 분석적 접근(The Text analytic Approach) ③ 사회운동론적 접근(The Social Mobilization Perspective) ④ 예상이론적 접근(The Prospect Theory and its Variants) ⑤ 메시지 효과론적 접근(The Communication Effect Approach) 등이다.

이준웅 교수는 프레임에 관한 축적된 연구를 정리하면서 프레임 문제의 논쟁점을 맥락에 의한 프레임인지 혹은 개별적 프레임에 의한 조작적 프레임인지를 구별해야 하며, 메시지 프레임의 수용자의 인지적 수용 정도에 대한 미시적(개별적) 거시적(사회적) 영향력을 헤아리는 게 중요하다고 주장했다.

뉴스 프레임은 '이야기가 구성되는 방식'(이준웅, 2001)으로서 구성되는 과정을 통해 영향을 미치는 사회 현상이다. 뉴스 프레임이 중요한 이유는, 세상에는 수 없이 많은 구조에 의한 다발적 현상이 산재하지만, 이에 대한 보도는 언론사의 취사선택에 의한 취재기자와 언론사의 관점이 녹아 들어가게 되고 이는 수용자의 뉴스해석에 영향력을 행사하게 되기 때문이다. 언론사와 사주, 정치적 입장, 그리고 언론인의 영향력이 맞물려 만들어낸 프레임에 주목해야 하는 것은 그 프레임이 하나의 사실에 대한 본질에 다가갈 수 있는 유효한 툴이 될 수도 있기 때문이다.

"언론이 객체로서 사회 현실을 개별적 정보로 재구성하여 재현한 뉴스에는 해당 언론사의 가치를 포함한 다양한 영향 요인들이 담긴다. 따라서 프레임은 건축가의 사고와 가치의 투영물인 건축물처럼 언론사라는 조직체의 특성이 반영된 집합적 구조물일 수밖에 없다. 그 밑에는 다양한 이해관계 및 이를 녹여낸 가치와 규범들의 타협과 조율이 놓여있다. 흔히 말하는 프레임은 바로 언론사의 뉴스 속에 담겨진 프레임을 말한다."

이처럼 미디어 프레이밍은 미디어가 공적 이슈를 통한 정보 전달의 과정에서 상징적 기호를 통해 포괄적으로 전달하는 과정인 것이다. 프레임 이론은 실질적이며 사회적인 과정에서의 미디어 프레이밍의 사회적 과정에 주목한다. 뉴스 프레임은 일반적인 사회적 기준(Social Standards)을 반영한다. 뉴스 프레이밍은 현실의 사회적 구성 방법(Social construction of reality approach)의 맥락을 통해 이해될 수 있다. 즉 사회적 이슈와 사건에 대한 프레이밍을 하는 것이 매스 미디어가 의미를 부여하는 사회적, 정치적 맥락에 의해 제한되거나 사회적, 정치적 맥락과 연계되는 것을 의미한다. 그런 점에서 수용자 대중이 원하는 저널리즘의 정당성 확보에 대한 노력이 필요하다.

최근의 프레이밍 연구는 사회적 논점과 미디어 프레이밍에 대해서 적극적 미디어 소비자의 입장을 취하고 미디어 소비자가 다양한 미디어 환경을 통해 구성해 나가는 존재로서 파악하는 정치 커뮤니케이션의 새로운 개념에 결부된다. 프레이밍은 매스 미디어를 통해 대중의 인지적, 정서적 활동을 촉발하는 역할을 하게 된다.(Mcleod et al, 1995).

▮▮ 프레이밍 효과

프레이밍 효과는 이익 프레이밍과 손실 프레이밍으로 나눠 살펴볼 수 있다. 이익 프레이밍에서는 확실한 이득을 취하고자 위험을 피하는 방식으로의 선택 확률이 높아지고, 손실 프레이밍에서는 손실을 피하고자 위험을 감수하는 방향으로의 선택 확률이 높아지게 된다. 프레임의 원래 사전적 의미는 틀, 창틀, 테, 액자 등이다. 이 뜻이 발전하여 건물, 자동차, 선박, 비행기의 뼈대나 기본구조를 뜻하게 되었고, 생명체의 골격·기본을 뜻하기도 한다. 최근에는 '틀'이라는 의미를 추상적으로 확대하여 '생각의 틀'을 지칭하는 용어로도 쓰이게 되었다. '생각의 틀'을 패러다임(Paradigm)이라고도 한다.

행동경제학자 아모스 트버스키와 대니얼 카너먼은 '프레이밍 효과(Framing Effect)' 이론을 제시했다. 프레이밍 효과는 어떤 사실을 전달할 때, 어떤 틀 안에 넣느냐에 따라 전달받은 사람의 생각과 행동에 영향을 준다는 것이다. 우리 말로 '액자 효과'라고 번역되기도 한다.

유명한 예시가 있다. 물이 절반가량 들어 있는 컵을 보고 A는 "어라? 물이 절반밖에 없네! 다 없어지기 전에 내가 먼저 마셔야겠다"라고 생각하며 곧 행동으로 들어간다. B는 컵을 보고 "아직 절반이나 남았네! 앞으로 몇 번은 더 마실 수 있겠구나"하며 여유로운 행동을 취하게 된다. 두 사람은 동일한 상황을 보고 다른 표현과 생각을 했다. 이유는 A와 B, 두 사람이 갖고 있는 인식의 틀이 다르기 때문이다.

프레이밍 이론은 커뮤니케이션에 유용한 우산(umbrella)을 제공한다. 메시지가 창출되어지는 방법에 초점을 맞추는 수사학적인 접근 외에도, 프레이밍은 정보를 평가하고 판단 내리고, 주변세계에 대한 추론을 이끌어내기 위해 사람들이 사용하는 심리적인 과정에 기반하고 있다. 프레이밍 현상들은 분석의 수준을 넘어 한 사람, 사람들 사이, 많은 사람들의 모임, 조직체에 이르기까지 프레이밍 효과를 만들고 작동하여 PR의 영향권을 사회적 수준으로 확대시킨다.

▰ 네거티브 프레이밍

인간의 감정은 사람에게 호감을 주기도 반감을 주기도 한다. 당연히 감정이 아예 없다면 상대는 매력을 느끼지 못한다. 하지만 그저 웃긴 사람 혹은 그저 착한 사람은 매력이 없다. 사람

은 자신에게 다양한 감정을 만들어 주는 사람을 좋아한다. 재
밌게도, 슬프게도, 당황하게도 만들어 줘야 상대에 대한 매력
을 느끼는 것이다. 이는 포유류의 뇌의 특징이다. 그러니 나쁜
남자가 항상 인기가 많은 것이다.

　사람들은 똑같은 내용을 보고도 상황이나 이유에 따라 다르
게 받아들인다. 일반적으로 인간의 의사 결정은 질문이나 문
제의 제시 방법에 따라 크게 달라진다. 미국 속담에 "유리 집에
사는 사람은 돌을 함부로 던지면 안 된다"는 표현이 있다. 자신
의 약점이 훤히 들여다보이는 사람은 남을 쉽게 비난해서는 안
된다는 뜻이다. 함부로 선동하지 말라는 것을 강조하는 이야기
로도 쓰인다. 사람들 머릿속엔 누구나 자기 나이만큼 키워온
개 두 마리가 있다고 한다. 개의 이름은 '편견'과 '선입견'이다.
두 마리 개는 주인의 이성적 사고력을 먹어 버린다. 편견과 선
입견의 틀(Frame) 속에 갇힌 주인은 '사건의 실체'를 따지지 못
하고 그저 선동에만 끌려 남을 비판하고 정죄한다는 것이다.

▰▰ 잘 계산된 프레임 던지기

　정치인들이 어떤 언어를 던질 때, 해당 언어가 어떤 프레임
에 담겨있는지를 정확하게 계산해서 한다. 사례로 JTBC 대선
후보 TV토론(2016년 4월 25일)에서 있었던 홍준표 후보의 '동성
애 발언'을 들 수 있다. 당시 홍 후보는 더불어민주당 문재인 후
보에게 "동성애를 반대하느냐"고 물었고, 문 후보는 "(동성애를)

좋아하지 않는다"고 답했다. 그러자 토론회 직후 문 후보에겐 성소수자를 차별했다는 질책이 쏟아졌다.

사람들은 동성애라는 말을 듣기 전까지 자신의 성적 지향에 관해 생각하지 않았을 것이다. 홍 후보는 아직 나뉘어있지 않는 그룹을 쪼개려는 프레임이 담긴 발언을 했다. 상대 후보의 지지그룹을 '편 가르기' 하기 위해, 정치공학적 기술이 담긴 화두를 이용한 사례이다.

언어학자 조지 레이코프는 '프레임 이론(Frame Theory)'을 발표했다. 어떤 사건이 발생했을 때, 그것을 전략적으로 짜인 틀 속에 넣어 대중에게 먼저 제시하고 규정하는 쪽이 정치적으로 승리하며, 이를 반박하려는 쪽은 오히려 상대방의 틀을 더 강화해 주는 딜레마에 빠지게 된다는 이론이다. 즉 선동이 진실을 가장한 것일지라도 대중에게 먹혀들며, 나중에 진실이 밝혀져도 반박하기에는 이미 때가 늦어버리거나 도저히 대중의 인식을 역전시키는 것은 불가능해 진다는 것이다.

그 실제 사례가 바로 이명박 정부 초기에 미국산 수입 쇠고기 파동 때의 거짓 선동과 괴담유포다. 근거 없는 괴담들이 횡행했고, 그것은 정권에 치명적인 타격을 입혔다. 나중에 진실은 다르다는 것이 밝혀졌지만, 사회적 책임은 유야무야되고 말았다.

'세월호 참사'의 초기 보도도 프레이밍의 한 사례가 된다. '세월호 참사'는 첫 보도에서 '진도 여객선 침몰 사고'라고 불렸지만, 이후 언론사들의 후속보도에서 바뀌었다. "'참사' 대신 '사고'라는 단어를 썼다면 누군가 잘못해서 벌어진 사건이 아니라, 운 나쁜 교통사고 정도로 느꼈을 것이지만 '참사'라고 불리자 자동적으로 인재를 떠올리게 되었다"는 분석이 나왔다.

▰ 시선을 돌리게 하는 '누락의 기술'

프레이밍에 있어서 가장 무서운 것은 '누락의 기술'이다. 대표적인 사례가 '태안 기름 유출 사고'다. 일단 '사건'이 아닌 '사고'라고 하니까 운이 나빠서 발생한 자연재해와 같은 느낌을 준다. 또 문제를 일으킨 '삼성중공업'의 명칭이 이름 짓기 과정에서 삭제되면서 사건의 주체가 모호해졌다. 사람들은 태안 기름 유출 사고를 이야기할 때 먼저 오염된 바닷가와 기름을 뒤집어쓰고 죽어가는 새의 모습을 떠올린다. 책임자가 누구인지는 관심이 없다. 인재가 아닌 환경 사고로 인식한다.

만약 '삼성 유조선 기름 유출 사건'이라고 프레이밍 되었다면 국민들 인식이 많이 달랐을 것이다. 바닷가에서 기름을 닦아내던 자원봉사자 수가 200만 명을 넘긴 것도 일부는 프레이밍의 영향이라고 볼 수 있다.

'IMF 외환위기'도 주체가 빠진 채로 프레이밍 된 사례이다.

**기업을 살리는
설득의 기술**

IMF는 외환위기에 처한 나라에게 돈을 빌려주는 국제금융기구다. 외환위기를 일으킨 주체가 아니다. 하지만 사람들은 누가 IMF에게 돈을 빌려야 할 만큼 나라를 위기에 빠뜨렸는지는 생각하지 않고, IMF라는 단어 자체에만 부정적 인식을 갖는다. 심지어 IMF가 우리나라를 공격한 사건으로 잘못 인지하는 경우도 있다. 그렇게 되면 이 사건은 국난이 된다. 힘을 합쳐서 국가적 위기를 극복해야 하는 것이다. 나이 많은 노인들이 금니까지 빼서 '금모으기 운동'에 동참한 데는 애국심이 작용했을 것이다. 프레이밍을 할 때 사건의 주체를 명시하거나 누락하는 것은 이처럼 중요한 영향을 미치게 된다.

프레이밍의 7가지 모델

현실세계 특히 한국의 정치현실에서 많이 사용되고 있는 프레이밍 전략은 이론적으로 풍부하고 유용한 개념임에도 불구하고, 일관된 정의가 부족한 상황이다. 프레이밍은 심리적, 사회적, 정치적 구조를 보여준다. 상황에 의존한 프레이밍 변화의 의미는 조사 문항, 분석의 수준 또는 관심 등 심리학적 접근에 기반하고 있다.

미국 노스웨스턴 대학 로버트 엔트만 교수는 1993년 발표한 논문 '프레이밍(Framing: Toward Clarification of a Fractured Paradigm)'에서 '파괴 패러다임(fractured paradigm)'을 말했고 다

른 연구자들은 다양한 영역 사이에서 프레이밍 개념을 분명히 하는 통합적인 접근을 도모했다.

프레이밍의 표면상의 약점은 개념에 대한 설득력에 달려있다. 정보가 제시되고 처리되는 상황의 제시에서 프레이밍의 강조는 의사소통 상황의 넓은 범위를 교차하는 프레이밍이 적용되는 것을 허용한다. 이는 잠재적으로 적용이 가능한 7가지의 모델을 제공한다. 이런 대체 가능한 개념화들을 연구함으로 연구자와 실무자가 프레이밍 개념의 유용성을 이해하고, 실무에 적용하며, 체계적으로 연구를 수행하는 것이 중요하다. 이 7가지 모델들은 상황, 속성, 선택, 행동, 쟁점, 책임성, 그리고 뉴스 등의 프레이밍을 수반한다. 아래에 그 기본개념을 요약한 표가 있다.

▮▮ 상황(Situations)

미국에서 널리 사용되는 리베이트 전략도 기업에 유리한 프레임을 잡는데 유용한 방법이다. 예를 들어 1만 8000달러의 차를 구매하는 고객에게 현장에서 500달러 할인된 가격인 1만 7500달러에 판매하는 것은 그다지 큰 효과가 없는 방법이다. 1만 8000달러나 1만 7500달러나 어차피 큰 금액이라 차이를 느끼지 못하기 때문이다. 대신 구매 고객에게 나중에 500달러를 보내주면 아무것도 없는 상태에서 갑자기 500달러의 이득이 생긴 것처럼 느껴지기 때문에 훨씬 큰 만족감을 가져다주게

**기업을 살리는
설득의 기술**

what is framed	Description	Key Sources
상황	실생활속 개인 사이의 관계들은 매일의 삶과 문화에서 발견된다. 상황의 프레이밍은 커뮤니케이션 조사를 위한 구조를 제공한다. 논설 분석과 협상 그리고 다른 상호작용의 적용.	Bateson(1972), Goffman (1974), Putnam & Holmer (1992), Tannen(1993)
속성	다른 것은 무시되는 반면 객체의 특성과 사람들을 강조된다. 따라서 초점이 속성이라는 면에서 정보가 한쪽으로 치안져진 과정	Ghanem(1997), Levin, Schneider, & Geath(1998), McCombs & Ghanem(1998), Ries & Trout(1981), Wright & Lutz(1993)
선택	각각의 부정(손실) 또는 긍정(이익)이 조직의 양자택일적 결정이 태도에서 불확실성이 있는 상황에 따라 한쪽을 선택할 수 있다. 전망이론(prospect theory)은 사람들이 이득을 얻는 것보다 손실을 피하는 것이 더 큰 손해일 수 있다 라고 말한다.	Bell, Raiffa, & Tversky(1988), Kahneman & Tverksy (1979, 1984), Levin, Schneider, Gaeth(1998)
행동	설득적인 상황에서, 사람들이 원하는 목적을 이루기 위해 행동할 가망성은 긍정적인 또는 부정적인 태도인지에 따라 밝혀진 양자택일에 의해서 영향받는다.	Maheswaran & Meyers-Levy(1990), Smith & Petty (1996)
쟁점	사회적인 문제의 논쟁은 그들이 선호된 정의를 위해 통용할 문제 또는 상황을 경쟁하는 다른 무리에 의한 대안적인 측면(terms)에서 설명되어질 수 있다.	Best(1995), Gamson, Modigliani(1989), Snow & Benford(1988, 1992)
책임	개인들은 안정성과 통제의 수준에 기초하여 사건의 원인을 내부 또는 외부 어느 한 쪽의 탓으로 돌리는 경향이 있다. 사람들은 사건에서 그룹 스스로의 이미지에 부합함, 이익은 최대로 하고 과실로 최소로 하는 역할을 한다. 사람들 속성은 사회 시스템의 문제라기 보다 대안 행동에 있다.	Iyengar(1991), Iyengar & Kinder(1987), Kelley(1967, 1972a), Protess et al.(1991), Wallack, Dorfman, Jernigan, & Themba(1993)
뉴스	친숙한 매체를 통해 이슈를 부각시킨다. 정보원은 프레임 기업과 프레임 옹호를 통해 그들이 선호된 프레이밍을 부각시키기 위해 경쟁한다.	Gamson(1984), Gamson et al.(1992), Ryan(1991)

된다.

프레이밍 효과, 기업 공시에서의 활용

기업들은 이런 심리학적 지식을 뉴스의 공시(公示) 때 적극적으로 이용하고 있다. 통계를 보면 2000년대 초반 미국의 기업들은 연간 총 약 3,000개 이상의 이익예측치를 공시한다. 이익의 예측치 공시는 대략 ①"우리 회사의 금년도 주당순이익은 2달러 정도로 예상된다"라는 형식의 구체적인 수치를 주는 공시와, ②"1.7~2.3달러 사이로 예상된다"는 형식의 범위를 주는 공시, ③"최소(최대) 2달러 정도일 것이다"라는 식의 최소값이나 최대값만을 주는 공시, 그리고 ④"이익이 상당히 증가할 것이다" 또는 "형편이 어려우니 이익이 감소할 것이다"라는 식으로 구체적인 수치는 없이 방향만 알려주는 4가지 형식으로 구분된다.

그런데 기업들은 회사에 유리한 뉴스를 공시할 때 ①의 공시형태를 적극적으로 활용한다. 그 반대로 회사에 불리한 뉴스를 공시할 때는 ①보다는 ②, ③이나 ④의 공시형태를 활용한다. 즉 부정적인 뉴스를 자발적으로 공시를 하긴 하지만, 뉴스를 정확하게 공시하지 않고 약간 애매하게 포장해서 공시 시점에 부정적인 효과가 주식가격에 반영되는 정도를 줄이려고 하는 것이다.

포스코 라면

대기업 임원이 기내에서 제공되는 라면 서비스에 불만을 표시하며 여성 승무원을 폭행한 사건이 뒤늦게 알려지면서 인터넷에서 이를 소재로 한 각종 패러디와 비난이 들끓은 적이 있다. 사건은 2013년 인천을 출발해 미국 로스앤젤레스(LA)로 향하던 대한항공 비행기 안에서 발생했다. 이 사건을 접한 누리꾼들을 해당기업과 임원을 겨냥하며 '대기업 임원이 벼슬이냐' '기내식에 포스코 임원님을 위한 맞춤형 라면 추가' 등 비난 글을 쏟아냈고, 이를 비꼬는 패러디물 역시 각종 온라인 커뮤니티 사이트와 SNS를 통해 빠르게 확산되었다.

그러면서, 회사 실명이 공개되고 나서야 포스코 측이 뒤늦게 대응했다며 회사를 향한 비난의 수위를 높였고, 파장이 커지자 포스코는 인터넷에 사과문을 게재하고, 해당 임원에 대한 조치를 취했다. 일단 프레이밍 효과가 시작되면 회사가 입는 타격은 상상외로 커지는데 이 사태에서 포스코는 실기를 한 셈이라는 평가다.

▰▰ 속성(Attributes)

1995년 10월 22일 MBC뉴스에서 "유방염에 걸린 젖소에서 고름 섞인 우유가 나온다"는 내용이 보도돼 사회적으로 엄청난 파장을 일으켰다. 체세포를 잘 이해하지 못했던 소비자들은 큰 충격을 받고 사 놓은 우유까지 버리게 됐다. 이때 파스퇴르 유업

메가박스 '사운드 특별관 MX' 이슈화

구분	트랜드 키워드	MX 포지셔닝 다양화
개봉 1주차	예매율 1위, MX	콘서트 현장 같은 MX
개봉 2주차	특별관, N차 관람, 100만 돌파, 팬덤	N차 관람 장소로 떠오른 특별관 MX
개봉 3주차	싱어롱 상영회	싱어롱 상영회의 성지 MX
개봉 4주차	메모리얼 상영회, 싱어롱 상영회, 싱어롱 성지, 떼창 문화, 프로떼창러	프로 떼창러가 사랑하는 MX
개봉 5주차	사운드 특별관 MX, 역주행, 2030 주류 문화, 최대 관객 수	영화 '보헤미안 랩소디' 최적화된 MX, 최대 관객수 돌파
개봉 6주차	라이브 에이드, MX	라이브 에이드 장면을 가장 잘 즐길 수 있는 MX

주차별 주요 키워드에 따라 MX에 대한 포지셔닝 다양화

특급 상영관 경쟁사보다 우위에 세우기

메가박스는 사운드에 집중할 수 있는 MX관을 이슈화하기 위해 그동안 화면과 특수효과에 집중되어 있던 관객의 의식에 '음악영화는 사운드' '사운드는 MX관'이라는 프레임을 만들어 제공함으로써 일정한 몫을 차지할 수 있었다.

●기획= 메가박스는 자사의 우수한 사운드 시스템을 구축한 MX관의 이슈화를 통해 인지도 및 매출 증대를 목표로 했다. 2018년 관객 수 600만을 돌파하며 음악 영화 신기록은 물론, 사회·문화적으로 열풍을 가져온 '보헤

미안 랩소디' 흥행과 연계를 도모했다.

●전략= 영화 관람 시 사운드보다는 큰 화면과 특수 효과를 중시하는 소비자 인식이 만연한 가운데, 메가박스는 MX의 사운드적 우수성을 어필하기 위해 이를 가장 효과적으로 어필할 수 있는 콘텐츠 전략을 세웠다.

●프로그램= 주차별 여론 추이를 반영, 트렌드 키워드를 발굴해 활용하여 자연스럽게 MX의 특장점을 효과적으로 노출하는 데 주력했다. '콘서트 현장 같은 MX' 및 '싱어롱 상영회의 성지', '프로 떼창러가 사랑하는' 등의 키워드로 소비자들에게 사운드 특별관 MX가 '보헤미안 랩소디' 등과 같이 영화의 감상에 최적화된 상영관으로 인식시키는 데 주력했다. 특히 영화 속 하이라이트로 꼽히는 '라이브 에이드' 공연 장면을 MX 관전 포인트로 언급하며 경쟁사의 다면상영 시스템보다 사운드가 우수하다는 인식을 형성해 유입을 유도했다.

●효과= 이는 음악 영화 흥행이라는 상황을 '최고의 사운드를 제공하는 특별관'으로 이슈를 전환한 프레이밍 전략이라고 할 수 있다. 결과적으로 이 프로젝트는 영화 개봉 초기 경쟁사 스크린X에 집중됐던 여론을 MX에 집중시켜 "음악영화는 곧 MX"라는 공식을 성립시키고, 2012년 개관 이래 최고 관객 수를 기록하며 관심도를 최대로 끌어올리는 데 성공했다.

은 "우리는 고름우유를 팔지 않습니다"라는 광고를 통해 다른 유제품 회사를 호도하기 시작했다. 1995년 11월 1일 유가공협회가 긴급이사회를 열어 고름우유 파동을 일으킨 파스퇴르 유업에 대한 총공격을 결의하고 "파스퇴르 우유 역시 체세포가 검출돼 고름우유다"라고 맞대응하면서 상호 비방이 극에 달했다.

1987년 파스퇴르유업이 출범하면서 저온살균 공법 우유를 국내 시장에 처음 선보인 것은 우유시장을 완전히 뒤집어 놓은 획기적인 사건이었다. 당시 고온살균 우유를 생산하던 업체들이 대부분 대기업인 반면 파스퇴르유업은 이름도 들어보지 못한 중소기업이어서 골리앗과 다윗의 싸움에 비유되기도 했다. 대기업을 겨냥한 검정 바탕에 빨간 글씨의 공격적인 광고는 고급 우유를 갈망하는 소비자를 노린 마케팅이었다. 그래서 파스퇴르 우유는 서울 부자동네 사람들이 마시는 우유라는 별칭이 붙기도 했었다. 파스퇴르 유업 대 유가공협회의 싸움으로 이어진 고름우유파동은 한국에서 낙농업이 시작된 이래 최대의 낙농업 위기를 불러왔다. 선혈이 낭자한 이 싸움터에서 승자는 아무도 없었다.

**기업을 살리는
설득의 기술**

파스퇴르 유업은 원유 1ml당 체세포수가 40만개 이하인 양질의 원유만을 사용한다고 주장했고, 반대쪽에서는 최고 240만개까지 검출된 원유를 사용했다고 맞섰다. 당시 소비자보호원은 시판우유에 대한 안전성 시험검사에 착수해 체세포수 관련 시험검사와 세균 수, 잔류항생물질, 합성항균제 검출시험을 병행했다. 1995년 11월 7일 농수산부, 보건복지부 중재 하에 유가공협회와 파스퇴르 간의 상호비방광고 중지를 협의하게 됐다.

고름우유 논쟁, 파스퇴르의 공격적 마케팅, 유가공 업계의 반격 등 이전투구 양상을 보인 전면전은 11개월간 계속되며 수많은 언론보도를 만들어 냈다. 속성에 대한 프레이밍 전략이 고비마다 변화하며 이어진 대형사건이었다.

// 선택(Choices)

전자시계의 종류 A, B, C, D, E가 있다. A에서 E로 갈수록 기능이 더 많아지는 대신 고장률도 함께 높아진다. 당신은 어떤 제품을 사고 싶은가? 이에 대한 결과는 선택의 조건을 제시하는 방법에 따라 아래와 같이 달라진다.

① A, B, C 중에 하나를 고르라면 어떤 것을 선택하겠는가?
  A:5%, B:48%, C:47%
② B, C, D 중에 하나를 고르라면 어떤 것을 선택하겠는가?

네슬레 퓨리나 팬시피스트,
고양이 간식으로 새 시장 만들기

고양이 간식이라는 카테고리
를 형성해 사람들에게 네슬레 퓨
리나의 새로운 제품 '퓨레키스'
가 출시했음을 알리기 위해, '고
양이를 위한 홈쇼핑'이라는 콘셉

트의 콘텐츠를 제작해 SNS에 노출했다.

●기획= 새로운 형태의 반려묘 간식 제품인 '퓨레키스' 런칭 홍보 프로그
램. '퓨레키스 런칭' 캠페인은 팬시피스트 내 신규 고객 확보 및 신제품 인지
도 제고가 가장 큰 과제였다.

●전략= 〈랜선집사〉라는 SNS를 통해 다른 사람의 반려 고양이 사진, 동
영상을 즐겨보는 사람들이 많아지며 반려동물 식품시장 내에서도 온라인 홍
보활동이 중요하게 되었다. 이에 '고양이 간식'이라는 카테고리로 신제품 출
시 소식을 효과적으로 알리는 것에 초점을 맞추고 캠페인을 기획했다.

●프로그램= 반려묘와 보호자의 관계를 감성적으로 다룬 메인 홍보 영상
을 제작. 일상 코드를 통해 '사랑을 전하는 시간'이라는 브랜드 메시지를 효
과적으로 전달했다. 또한 일반적인 소비재와 달리 구매자 본인 만족도가 아

닌 '까다로운 반려묘의 입맛에 잘 맞는지'에 소비 가치를 두고, 500명을 대상으로 한 대규모 샘플링 캠페인을 진행하기도 했다. 고양이 반려인 인구통계 내 큰 비중을 차지하고 있는 2030세대 여성을 고려해, 제품부터 교감 일과표 및 스티커가 포함된 리플렛 등 실속 있는 패키지로 집사들의 마음을 사로잡았다. 이외에도 '랜선집사'의 로열티와 신뢰도가 높은 유튜버 및 캣스타그래머와의 제휴, 신규 매체와의 제휴를 통한 '고양이를 위한 홈쇼핑'이라는 콘셉트의 펀(Fun)한 콘텐츠 제작 등 다양한 다수 타깃과의 접점을 확장하며 인지도를 효과적으로 제고시켰다.

●효과= 기존 캠페인 운영 시 평소 브랜드 로열티가 높은 타깃만을 중점적으로 홍보해왔던 것과 달리, 신규 매체와 다양한 온라인 채널을 활용해 〈랜선집사〉 문화 속성에 주목한 결과, 로열 고객층과 신규 고객 확보로 높은 제품의 인지도와 신뢰도를 구축하게 되었다.

B:26%, C:45%, D:29%

③ C, D, E 중에 하나를 고르라면 어떤 것을 선택하겠는가?

C:36%, D:40%, E:24%

어느 식당에서 1만 원 짜리 메뉴가 주력이라면 메뉴의 구성을 7000원, 8000원, 1만원으로 하기보다는 8000원, 1만원, 1만 2000원으로 할 때 1만 원 짜리 메뉴가 훨씬 더 잘 팔리게 된다. 가끔 메뉴판에서 누가 시켜 먹나 싶을 만큼 비싼 메뉴가 존재하는 것은 그보다 한 단계 저렴한 가격의 메뉴를 잘 팔기 위한 장치일 수도 있다는 뜻이다. 선택은 이처럼 어느 정도 한계 안에서 조종될 수 있는 것이다.

일단위 가격분리 프레이밍

자선단체에서 두 종류의 기부금 광고 메시지 중 하나를 선택하는 캠페인을 계획하고 있다. 메시지A는 하루 1,000원이면 아프리카 난민 가족의 생계를 책임질 수 있다는 내용이고, 메시지B는 한 달에 3만 원이면 아프리카 난민 가족의 생계를 책임질 수 있다는 내용이다. 어떤 메시지가 기부금을 모을 때 더 효과적일까?

한 달을 30일이라고 가정했을 때 메시지A와 메시지B는 똑같은 이야기이다. 단지 다른 것이 있다면 금액을 하루 단위로 분리해서 제시했느냐 아니면 월 단위로 통합해서 제시했느냐다.

이 때 메시지A와 같이 손실을 하루 단위로 나누어 제시하는 것을 '일 단위 가격 분리 프레이밍' 또는 'PAD(Pennies-a-day)' 전략이라 한다.

연구 결과, 사람들은 '월 단위 통합 제시(메시지B)'보다 '일 단위 분리 제시(메시지A)'의 경우에 기부 참여 부담감을 덜 느끼게 된다고 한다. 사람들은 외부 가격정보를 보는 순간 그 가격과 비교할만한 대상을 떠올리고 그 금액이 상대적으로 크지 않다고 느끼면 메시지에 대해 긍정적으로 반응(동화효과·assimilation effect)하지만, 금액이 상대적으로 크다고 느끼면 메시지에 대해 부정적으로 반응(대조효과·contrast effect)하게 되기 때문이다.

▮▮ 행동(Actions)

어떤 자선단체에서 모금을 위한 광고를 실시할 때 한 달 후 원금이 5,000원이라고 설명하는 것보다 커피 한잔 값도 안 된다고 설명하면 더 쉽게 의사결정하게 된다. 참치통조림 설명서에는 '지방 10%' 함유라고 적혀 있지 않고 '90% 살코기'라고 적어 소비자의 선택을 유도한다. '실패율 1%'보다는 '성공율 99%'로 나타내면 진행된 프로젝트의 성공을 알리는 데 훨씬 효과적이다. 이런 유형의 프레이밍은 망설이는 공중의 행동을 유발하는데 효과적이다.

KB국민카드 'Digital Easy Life' 캠페인

KB국민카드의 고객층을 밀레니얼(millennials) 세대로 넓혀가기 위해 그들의 생활습관과 맞는 'Digital Easy Life' 슬로건을 채택하고, 눈높이에 맞는 콘텐츠를 제작함으로써 젊은 세대의 관심과 참여를 유도하는 게 필요했다.

●기획= KB국민카드는 브랜드 인지도가 저조한 잠재고객인 밀레니얼 세대와의 디지털 소통 강화 및 소셜 영향력 확대를 위한 잠재고객 채널 이용 습관에 꼭 맞춘 투 트랙 커뮤니케이션을 전개했다.

●전략= 밀레니얼 세대가 공감할 수 있도록 하기 위해, 일방적인 메시지를 담은 광고성 콘텐츠나 연관성이 떨어지는 연성 콘텐츠 중심의 채널 운영에서 벗어나, '쉽고 편리한 디지털 카드생활'을 뜻하는 슬로건을 중심으로 흥미 · 정보채널을 운영하며 디지털 소통을 강화, '카드'하면 KB국민카드를 연상할 수 있도록 유도했다.

●프로그램= 잠재고객 눈높이에 맞춘 콘텐츠 포맷을 개발하며 ①채널별

**기업을 살리는
설득의 기술**

이용 행태에 따라 최적화된 금융 콘텐츠 포맷 도입 ②사내 크리에이터 육성 ③업계 최초의 금융 교육 캠페인 ④ IMC(통합마케팅커뮤니케이션) 관점의 통합 이벤트 진행 등 다양한 금융 정보를 밀레니얼 세대 눈높이에 맞게 가공했다.

●효과= 이러한 다양한 시도를 통해 젊은 층의 고객들이 고객들에게 브랜드 인지 확산 및 '카드'하면 떠오르는 No.1 브랜드로 포지셔닝하는데 기여했다.

'Save the children'의 후원금 설득 예시.

아침 영양식으로 각인된 베이컨 아메리칸 브렉퍼스트

에드워즈 버네이즈는 1920년대 중반 미국 베이컨 제조회사인 비치너트패킹(Beechnut Packing)으로부터 베이컨 판매량을 늘리기 위한 자문을 요청 받는다. 당시 미국에서는 간단한 아침이 인기였고 베이컨은 아침 식사로 인기 있는 메뉴가 아니었다. 버네이즈는 내과 의사들을 대상으로 행한 간단한 설문 조사를 통해, '내과 의사들은 든든한 아침 식사를 선호한다'는 뉴스 기사를 게재했다. 버네이즈가 기획한 기사는 당시 전국에 '4,500명의 내과 의사들이 든든한 아침 식사를 권하다(4500 physicians urge bigger breakfast)'라는 제목 기사로 실렸다. 그리고 동시에 다른 기사를 배치해 베이컨과 달걀이 중요한 아침 식사 메뉴 중 하나임을 부각시켰다. 그 결과, 미국에서 베이컨의 소비는 급증했고 당시 버네이즈의 전략은 성공한 것으로 평가되었다.

**기업을 살리는
설득의 기술**

사실 이 사례에는 사람들로 하여금 권위에 의지하게 하는 몇 가지 전략이 숨어 있다. 당시 설문 대상은 내과 의사였지만, 내과 의사들에게 베이컨을 아침 식사의 대용으로 선호하는지는 질문하지 않았다. 가벼운 아침 식사보다는 든든한 아침 식사가 밤사이 잃어버린 에너지를 보충하는 데 더 좋다는 답변만을 유도했을 뿐이다.

이 답변들은 '든든한 아침 식사가 좋다'는 설문 결과의 뉴스로 기사화되고, 베이컨과 달걀이 아침 식사 대용으로 적합하다는 내용의 기사가 함께 실리면서 사람들은 기사 2개를 동시에 읽고 '든든한 아침식사=베이컨'이라는 식으로 기사를 이해하게 되었다. 당시 막강한 언론이었던 신문의 힘에다 입소문의 역할이 더해지면서 일반시민들의 행동을 유도하는데 성공한 사례다.

▟▏쟁점(Issues)

프레이밍 효과는 정치에서 특히 많이 사용되는 전략이다. 선거가 임박할 때 정치인들이 자신에게 유리한 방향으로 상황을 이끌기 위해서 단어 하나, 어조 하나를 선택할 때마다 고심하는 것이 바로 이 프레이밍이고, 방송에 사용되는 사진 하나를 던질 때도 이 문제를 고려한다. 낡은 정치 대 새 정치, 통합 대 분열이라는 프레이밍을 통해서 사람들의 선택기준에 중요한 관점을 선점하기 위해서 노력하는 것 등이 대표적 사례다.

마켓컬리 '새벽배송'

　　마켓컬리는 새벽배송이라는 영역에서 브랜드 이미지를 확고히 했으나, 그 후 대기업들도 시장에 뛰어들자 차별화와 시장 선도 기능을 확보하기 위한 적극적인 대응이 필요했다.

　　● 기획 및 전략= 저녁에 온라인으로 장을 보면 이른 새벽 주문한 상품을 받아볼 수 있는 새벽배송은 최근 소비 트렌드 중 하나다. 그 중 마켓컬리는 새벽배송을 화두로 치열해지는 식품 O2O(Online to Offline) 시장 내 강력한 브랜드 이미지를 구축했다. 그러나 다수의 유통 대기업들이 새벽배송 시장에 진입함에 따라 마켓컬리는 경쟁사와 차별화할 수 있는 브랜드 이미지 정립과 시장에서의 선도적인 위치 확보가 필요하게 됐다. 이에 따라 물류 효율화, 상품 경쟁력, 공급사 상생 등의 차별점을 강조하며 이를 기반으로 한 PR

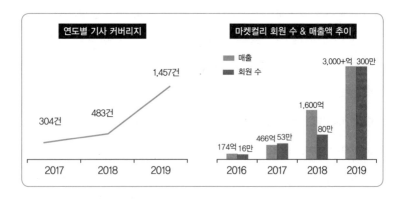

**기업을 살리는
설득의 기술**

전략을 수립, 적극적인 대응에 나섰다.

●프로그램= 먼저 기업 설립 이래 최초로 기자간담회를 진행하며 높은 관심을 유도했고, 질의응답을 통해 기존의 부정적인 앵글 및 논란 등에 정면 대응하며 긍정적인 피드백을 이끌어냈다. 또한 새벽배송이라는 강력한 프레임을 활용하여 다각도의 언론홍보 활동과 부정 이슈에 대한 신속한 위기관리 등을 진행해 매출 증대는 물론, 브랜드 이미지와 존재감을 제고하는 데 기여했다.

●효과= 이같은 프로그램의 효과에 힘입어 마켓컬리 하면 새벽배송이 바로 떠오르는 프레이밍에 성공하고 있다.

2008년과 2012년 미국 대선에서 보여준 오바마의 캐치프레이즈가 'Change(개선)'와 'Forward(전진)'라는 점은 혁신, 개선과 전진이라는 긍정적인 의미를 내포하기 때문에 긍정적인 프레이밍 효과의 사례로 꼽을 수 있다.

2020년 21대 총선에서 김종인 미래통합당 총괄선거대책위원장이 연일 '조국 vs 국민', '조국 vs 경제' 구도를 강조하고 있는 것도 바로 이런 사례다. 김 위원장은 선대위 회의에서도 "우리나라 선거 사상 이런 모습을 처음 볼 것"이며 "조국을 살릴 것이냐, 대한민국 경제를 살릴 것이냐. 무엇을 우선시해야 하는지는 삼척동자도 알 것"이라고 말하는 등 한결 같은 프레이밍 전략을 고수했다.

이와 대조적으로 더불어민주당은 신종 코로나바이러스 감염증(코로나19) 사태 극복을 '핵심 메시지'로 내세웠다. 전 세계적 확산 추세를 보이는 코로나19의 방역과 경제 위기에 정부가 안정적으로 대처하려면 유권자들이 여당에 힘을 실어줘야 한다고 호소하는 전략이다. 민주당은 이를 뒷받침하기 위해 이낙연 공동선거대책위원장의 입을 통해 "한국은 검사·확진·격리 치료 모든 단계에서 세계가 주목하는 하나의 모델을 제시하고 있다"고 말하며 '방역 성공론'을 함께 내세웠다.

쟁점을 어떻게 잡느냐에 따라, 프레이밍 전략의 효과도 좌우될 수 있음을 보여주는 사례가 2020년 한국의 총선이었다.

가수 타블로의 학력위조 논란

'타진요'라는 네이버 카페가 있다. '타블로에게 진실을 요구하는 모임'의 약칭이다. 미국의 명문 스탠포드 대학 출신인 가수 타블로에게 근거 없는 학력 위조 의혹을 들이밀어 여론몰이를 하면서, 당사자인 타블로가 정상 생활을 하기 어려울 정도로 집요하게 괴롭혔다. 왓비컴스(네이버 회원 ID)가 타블로의 학력 의혹을 제기한 후, 타진요 카페 회원(18만 명)을 중심으로 논란은 확산되어 갔다. 각종 소셜미디어를 통해 네티즌들에게 허위정보가 유포되었고, 사회적 파장이 커지면서 언론보도, 학계, 연예계, 미국 유학생회 등의 찬반 논쟁이 가열되었고, 결국 타블로는 연예계 활동을 중단하게 된다. 각종 증명서를 통해 경찰이 타블로의 학력이 사실임을 발표했으나, 타진요 등은 여전히 반박해 이슈가 지속되었다. 결과적으로 14명이 불구속 기소 등 법적 조치를 받게 되었다.

단 한 명의 네티즌으로 시작된 근거 없는 정보와 의혹이 타블로 개인에게 막대한 경제적, 심리적 피해를 입힌 것은 물론, 국내 인터넷과 대중매체, 학계와 연예계, 심지어 해외 유학생들과 대학까지 혼란과 논쟁의 도가니 속으로 빠져든 사건이다. 타블로가 스탠포드 대학 출신임이 증명되었고 자신들의 주장이 전부 악질적 과대망상임이 드러났음에도 불구하고, 또 그렇게 원하던 정식 증빙 자료를 보여주었음에도 불구하고 사실을 받아들이지 않음으로써 그들이 얼마나 심각한 오류에 사로잡혀 있었는지를 강하게 보여주었다. 근거가 있든 없든, 하나의 쟁점으로 부각된 이슈는 개인과 사회에 커다란 영향을 미칠 수 있음을 보여주는 사례다.

▰ 책임(Responsibility)

소비자들은 우유를 구입할 때 우유를 먹을 수 있는 기한이 얼마나 남았느냐의 유통기한을 보고 신선도를 파악하면서 가장 유통기한이 오래 남은 우유를 선택하곤 한다. 그러나 실제로는 우유는 제조사마다 유통기한이 상이하기 때문에 유통기한이 신선도의 기준이 될 수 없다고 한다. 이를 간파한 서울우유는 유통기한이 아닌 제조일자를 전면에 표기함으로써 신선도에 대한 소비자의 인식의 틀(프레이밍)을 새롭게 만들었다. 이것이 바로 서울우유의 '제조일자 마케팅'이다. 2010년 초 여러 악재로 곤란을 겪던 상황에서 홍보자문사인 피알원 어카운트 팀은 당시 고객사였던 풀무원의 제조일자 마케팅을 벤치마킹할 것을 제안했다.

이렇게 우유의 제조일자를 표기하는 것은 제조일이 오래된 우유의 판매를 떨어트리고 재고 소진에 어려움이 생기는 리스크를 감수하고 진행하였으나 결과는 대성공이었다. 소비자들은 이제 우유의 신선도에 대한 판단 즉 '인식의 틀'을 유통기한이 아닌 제조일자로 결정하게 되었고, 제조일자를 처음 시작한 서울우유에 대한 '신선한 우유를 만드는 기업', '우유의 신선도

에 자부심이 있는 기업'으로 프레이밍 효과가 나타나면서 매출이 크게 늘었다. 즉, 소비자들로 하여금 제조일자를 밝힌 서울우유와 그렇지 않은 우유로 나누어 인식하도록 하는데 성공한 것이다.

▮▮ 뉴스(News)

뉴스는 여러 가지 면에서 프레이밍과 관련된 의미를 갖고 있다. 프레이밍된 이론, 상황, 전략을 보도하는 것이 프레이밍 효과를 높여주는 역할을 하기도 하지만, 뉴스 아이템을 선정하는 것 그 자체도 프레이밍이 될 수 있다.

네이밍(naming), 즉 '이름 짓기'가 중요하다. 이름에 어떤 언어를 사용하느냐에 따라서 사람들의 이해가 달라진다. 그 언어의 프레임으로 해당 사건이나 상황을 이해하게 될 가능성이 높아진다. 피해자 이름을 사건명칭으로 삼으면 사건의 잔혹성이나 심각성이 사라질 수 있다. 그래서 가해자 이름을 이용해 사건명칭을 만들자는 논쟁이 있었고, 그 결과로 '나영이 사건'이 '조두순 사건'으로 바뀌었다. 앞서 설명한 '세월호 참사'나 '태안

삼성전자 '삼성반도체이야기' 구축 사례

　　삼성전자는 반도체 사업을 처음 시작한 이래, 메모리 반도체 분야 세계 1위에 오르는 등 약 40년 간 국가 기간산업으로 큰 성장을 했다. 그러나 반도체 사업장의 근로자들이 근무환경으로 인하여 직업성 암에 걸려 사망하는 등 고통 받고 있으나, 삼성전자가 이들의 산재 신청을 방해하고 책임을 전가한다는 여론이 확산되면서, 이미지에 큰 타격을 입게 되었다.

　　특히, 2003년 삼성전자 기흥 반도체 공장에서 근무하다 백혈병에 걸린 뒤 3년여 만에 숨진 황유미 씨의 실화를 바탕으로 한 영화 〈또 하나의 가족〉이 개봉되면서 지역사회는 물론 일반 공중들에게도 부정적인 인식이 커지고 있었다.

이에 삼성전자는 사내 근무환경에 대한 조사와 환경개선작업을 추진했다. 또한 작업환경에 대한 근거 없는 주장의 무분별한 확산을 막고, 정확한 사실 전달을 위해 '삼성반도체이야기'라는 블로그와 페이스북 채널을 개설, 임직원의 근무환경을 지원하기 위한 최첨단 안전보건시설과 복리후생 제도를 알리는데 주력했다.

더불어 반도체가 어떤 과정을 거쳐 개발되고, 우리 일상 생활에 쓰이고 있는지에 대한 기술력 기반의 흥미로운 콘텐츠를 제작해 첨단 기술기업으로서의 사회적 역할에 대해 진정성 있게 전달했다. 또 반도체 사업장 인근 지역민에 대한 염려를 해소하기 위해 '화성소통이야기' 채널을 추가로 개설해 지역 관심사에 공유하고 기여하는 지역 대표기업으로서 인식되도록 했다. 추후 이 프로젝트는 '삼성전자와 함께하는 행복한 도시'의 함축적인 표현인 〈삼행시〉라는 캠페인으로 전국 모든 지역사업장에서 확산 진행되고 있다.

'삼성반도체이야기'는 기업이 과거 언론이나 광고 등을 활용해 해명하는 방식이 아니라 온드채널 인게이지먼트를 통해 위기상황에 적극적으로 커뮤니케이션하는 변화된 대응 사례다.

보건복지부 <가나다> 캠페인, '100인의 아빠단'

책임의 주체를 인식하는 것은 매우 중요한 행동변화를 유발한다. 육아의 문제를 해결하기 위해 보건복지부는 '100인의 아빠단'을 운영하며 아빠의 육아책임을 메시지화하는데 성공했다.

● **기획 및 전략**= 저출산 · 고령사회에 대한 인식이 악화되는 추세에 따라, 보건복지부는 가족문화의 새로운 기준을 제시하는 가나다(가족문화개선 나부터 다함께) 캠페인을 추진했다. 이에 출산과 육아에 대한 사회적 인식 개선을 위한 홍보 캠페인으로 '100인의 아빠단'이라는 서포터즈를 운영하며 '아빠 육아' 참여를 유도했다. 이는 독박육아로 상징되는 여성의 출산기피가 아빠에게도 일부 책임이 있음을 메시지화 한 것이다.

● **프로그램**= 육아의 주체로서 아빠의 육아와 가사 참여에 대한 긍정적인 롤모델로 구성된 '100인의 아빠단'은 육아에 대한 긍정경험을 확산하는 인플루언서 역할을 수행했다. 아이와 함께 일상을 보낼 수 있는 다양한 육아 미션을 수행하는 한편, 아빠 육아 고민과 노하우를 공유할 수 있는 온 · 오프라인 멘토링 등을 진행하며 초보아빠들에게 육아법을 공유했다. 또한 친구 또는 지인 가족을 직접 초청하는 〈육친소(육아 아빠 친구를 소개합니다) DAY – 1박2일 숲캠프〉 행사를 개최해 아빠단 활동을 전파, 아빠 육아에 대한 사회적 관심을 환기시키는 계기를 마련하며 큰 호응을 얻었다.

**기업을 살리는
설득의 기술**

●**효과**= 이같은 프로그램은 육아로 인한 경제적 부담뿐만 아니라 여성에게 가사, 육아 부담이 집중되는 독박육아 문화로 인해 출산을 기피하는 경향에 초점을 맞추고, 이를 해소하기 위해 아빠의 육아 참여가 중요해졌다는 것을 프레이밍했다. '부모 육아'로 육아 패러다임 변화를 유도한 것이다. 결과적으로 '도와주는 아빠에서 함께하는 아빠로'라는 캠페인 메시지를 효과적으로 전달하며 아빠육아의 긍정효과 및 부부가 함께하는 육아 문화를 조성하는 데 기여했다는 평가를 받았다.

기름 유출 사고' 같은 경우에도 네이밍에 따라 사건의 전개가
확연히 달라진 사례이다.

감염병과 관련한 언론의 프레이밍이 여론 형성에 매우 중요
한 요인인데 한국의 경우는 감염관련 단순 통계자료에 집중하
는 경향(정부의 대처 프레임, 감염병 결과 프레임)이 있는 반면 미
국언론은 책임소재, 질병통제, 불확실성 프레임, 결과 프레임

표2 미국과 한국의 뉴스 보도 정보원 유형

	US		Korea		
	N	%	N	%	x2(df)
Government	174	30.5	211	46.4	
Companies	41	7.2	23	5.1	
Experts	190	33.3	49	10.8	
Politicauns	5	.9	2	.4	118.72 (6)***
Laypeople	66	11.6	25	6.6	
International sources	85	14.9	110	24.2	
Others	9	1.6	35	7.7	
TOTAL	570	100.0	455	100.0	

***p < .001

표1 미국과 한국의 뉴스 보도 프레임 유형

	US		Korea		
	N	%	N	%	x2(df)
New evidence	51	19.0	56	15.5	
Attribution of responsibility	69	25.7	42	11.6	
Uncertainty	9	3.4	13	3.6	
Reassurance	7	2.6	1	.3	75.27(6)***
Consequence	30	11.2	58	16.0	
Bare statistics	64	23.9	179	49.4	
Action	38	14.2	13	3.6	
TOTAL	268	100.0	362	100.0	

***p < .001

**기업을 살리는
설득의 기술**

등의 다양성을 보여주었다.

또한 질병뉴스의 소스(정보원)로 한국 언론은 정부 및 외신을 주로 인용하고 있으나 미국은 각 전문가들을 고루 인용하고 있다. 외신에 크게 의존하는 현상은 사회가 투명해진 민주화 이후에도 크게 변화가 없다.

"자유한국당 홍준표 후보가 토론회에서 하는 발언이 무례해 보이나요? 저는 홍 후보의 막말이 단순히 그의 인격에서 발화된 것이 아니라고 봅니다. 그는 자신의 말이 함의한 프레임을 정확히 이해하고 있는 것이지요."

2017년 대통령 선거 과정에서, 4월 13일 첫 대통령선거 토론회가 끝나자 홍준표 자유한국당 대선후보의 토론 태도를 두고 막말 논란이 일었을 때 어느 관전자의 평이 위와 같이 나왔다. 홍 후보는 뉴스가 될 만한 극단적인 프레이밍을 제작해 토론에 활용했고, 언론은 그 뉴스를 크게 보도했다. 한쪽에서는 그의 표현에 동조하고, 다른 쪽에서는 그의 표현을 공격했지만, 크게 보아 '막말논란'으로 결론지어질 만큼, 메시지 자체가 퍼진 것이 아니라 메시지를 생산한 사람이 공격의 대상이 되는 역효과를 가져왔다.

이와 같이 뉴스를 통한 프레이밍은 다양한 측면의 효과를 갖고 있고, 한 시점의 정국 방향을 좌우할 만큼 엄청난 힘을 갖고 있다. 최초의 프레이밍도 중요하지만, 그 프레이밍을 다시 프

레이밍하는 받아치기도 중요하다. 그래서 함부로 사용했다가
는 자신을 베는 검이 될 수 있는 것이 정치판에서의 프레이밍
이다.

프라이밍
전략

앞서 발생한 자극은 나중에 생기는 자극의 처리에 영향을 주
기 마련이다. 이런 현상을 설득 커뮤니케이션에 활용하는 것이
프라이밍 전략이다.

점화효과(Priming effect)는 시간적으로 앞선 자극이 나중 자
극의 처리에 영향을 주는 현상을 나타내는 심리학 용어이다.
점화효과는 어떤 판단이나 이해에 도움을 주는 촉진효과와 그
반대의 역할을 하는 억제효과를 낼 수 있다. 이러한 점화효과
를 잘 보여주는 모델은 '인식-촉발 결정' 모델이다. 이 모델에
서 결정을 내리는 사람은 과거의 경험에 의해 촉진되어 어떤
판단을 할 때 빠른 반응을 보일 수 있다. 일상적이지 않은 특별
한 사안에 대해서는 잘못된 결정을 할 수도 있지만, 일반적인
경우, 상당히 많은 사람들은 이같은 결정을 내린다. 점화효과
가 대체로 유효한 이유다.

점화효과는 앞뒤의 두 자극이 같은 감각의 양태성(Modality)

을 가질 때 가장 잘 나타난다. 시각적 자극은 시각적 자극과, 소리는 소리와 잘 점화된다. 또한 의미적으로 연결된 단어의 경우에도 나타날 수 있는데 예를 들어 '의사'와 '간호사'같은 경우이다. 점화효과는 지각적이거나 개념적일 수 있다. 지각적 점화효과는 감각 양태성에 민감하여 같은 감각, 예를 들어 시각자극과 시각자극 간에 잘 나타난다. 그러나 개념적 점화효과의 경우는 점화어의 의미적인 면이 중요하다. 예를 들어 의자는 책상과 개념적 점화효과를 일으킬 수 있는데 이것은 같은 분류에 속하기 때문이다

점화효과 이론

점화(priming)의 개념은 원래 인지심리학에서 개인 지식의 구성요소인 개념들 간의 관련성을 설명하기 위해 개발된 것이다. 인지심리학에서는 흔히 개인의 지식을 개념들 간의 연결망(network)으로 모형화해 설명한다.

예를 들어, '히틀러'라는 이름과 관련된 지식들이 어떤 개인의 지식체계 안에 포함되어 있다고 해보자. 이 개인의 '히틀러'에 대한 개념은 '나치' '총통' '유태인 학살' '제2차 세계대전' '독일' '오스트리아인' 등의 개념이 연결망 구조로 결합되어 있다고 하자. 이 경우 이 개인이 '히틀러'라는 이름을 들으면 이 사람 머릿속에는 히틀러와 함께 위에 언급한 개념들, 나

치-총통-유태인학살-제2차세계대전-독일-오스트리아인 등이 함께 떠오르게 된다. 이러한 과정을 개념의 활성화 확산(spreading activation)이라고 한다(Collins & Loftus, 1975).

그리고 이 과정에서 하나의 개념이 다른 하나를 활성화시켜 생각으로 떠오르게 하는 것을 의미점화(semantic priming)라고 한다. 의미점화의 관점에서 설명하자면, '유대인 학살'이라는 개념이 활성화되면 이 개념과 관계된 '히틀러' '나치' 같은 개념도 덩달아 활성화될 확률이 높아진다는 말이 된다. 그렇지만 '유대인 학살'과 '오스트리아인'은 상호 연관성이 없기 때문에 유대인 학살이 오스트리아인이라는 개념을 직접적으로 점화할 가능성은 낮다고 볼 수 있다.

인지심리학에서 사용되는 점화개념을 정치언론학에 적용시킨 아옌가와 킨더(Iyengar & Kinder, 1987)는 '프라이밍 전략'을 '사람들이 정치적인 판단을 할 때 사용하는 기준을 변화시키는 과정'으로 정의했는데, 부시 대통령의 걸프전 당시 외교술에 대한 집중보도가 국민들에게 어떤 기준의 변화를 불러왔고, 그 결과로 이후 대통령 선거에서 외교술이 중요한 이슈로 부각되게 된 현상을 그 예로 들 수 있다.

대통령 후보에 대한 종합적인 평가는 그의 인성, 정치적 이념, 과거 경력, 국정운영 능력, 소속 정당 등에 따라서 이루어진다. 대통령 선거 국면에서 언론은 특정한 이슈를 강조해서 보

**기업을 살리는
설득의 기술**

도함으로써 의제설정 효과를 이루는 동시에 대통령 후보에 대한 평가에 기준이 되는 '용어나 개념의 집합'을 결정할 수 있다.

의제설정 효과가 발생하면, 공중은 설정된 의제와 관련된 용어나 개념들을 주로 사용하게 된다. 왜냐하면 이러한 용어나 개념의 중요성이 증가함에 따라, 이러한 용어나 개념들을 머릿속에 떠올리기가 쉬워지기 때문이다. 따라서 이러한 조건에서 어떤 정치인이나 이슈에 대한 찬반 의견을 물을 경우, 공중은 스스로 중요하다고 판단한 그 용어나 개념들을 기준으로 판단을 하게 된다.

이처럼 점화효과는 먼저 처리한 정보에 의해 떠오른 특정 개념이 뒤에 이어지는 정보의 해석에 영향을 미치는 현상이라 할 수 있다. 틀짓기 이론이나 의제설정 이론의 문제점과 한계점을 지적함과 동시에 공중 개인에 대한 미디어 메시지의 인지적 처리과정에 조금 더 초점을 맞춘 이론이 바로 점화효과 이론이다.

언론의 의제설정 이론은 매스미디어가 특정 이슈를 부각시켜 보도하는 것이 그 이슈의 중요도에 대한 공중의 평가를 변화시킬 수는 있지만, 이슈에 대한 공중의 입장의 방향에 대해서는 설명이 부족하다. 점화이론은 이를 보완하기 위한 이론이다. 점화효과 이론은 '매체가 어떤 이슈는 버리고 어떤 이슈를 선택해 보도하면서 사람들이 판정하는 기준을 변하게 만드는 과정'이라고 정리된다(Severin & Tankard, 2001). 연구자들은 1차 의제설정을 통해 특정한 사안을 현저하게 인식한 인지적 효과가 다음 단계에서 수용자의 태도와 의견, 행동 등에 미칠 수 있는 연결고리에 대한 논의가 부족했다는 점을 깨닫게 되었다. 점화효과 이론은 초기 제시된 의제설정 이론의 제약을 극복하기 위한 노력의 일환으로 이뤄진 추가 연구의 결과이다.

점화효과와 이슈 관리

언론이 점화효과를 통해서 여론을 좌지우지 할 수 있다는 점이 확인됨에 따라, 기업, 사회단체, 정치인, 정당, 대통령 등은 언론이 특정한 이슈를 부각시키는 과정에 더욱 주목하게 된다.

이슈 관리의 관건은 기업이나 정당이 미래에 발생할 수 있는 이슈가 자신의 조직에 어떠한 영향을 끼칠지 사전에 예측, 진단하고 그에 대해 중장기적인 전략을 개발하는 것이다. 과거의 기업, 사회단체, 정치조직은 언론을 직접 접촉해서 영향력을 행사함으로써 자신의 조직에 유리한 이슈 환경을 조성하려 했다. 과거의 이슈관리는 사실상 미디어 관계(media relations)의 관점에서만 수행되었다.

다시 말해 언론에 보도자료와 홍보물을 배포하고, 이벤트에 언론인을 초대하고, 언론조직에 직·간접적인 압력을 행사하는 등 언론이 자신의 조직에 유리한 기사를 싣도록 유도했던 것이다. 하지만 현대 이슈관리 이론은 언론의 의제설정 과정과 그

후속 효과인 점화효과에 대한 지식을 기반으로 전향적인 관점에서 이슈 환경의 변화에 대처할 수 있게 된다. 기업, 사회단체, 정치조직 등은 자신의 조직에 대한 여론의 평가가 유리한 방향으로 전개될 수 있도록, 과학적인 방법으로 사전에 이슈를 관리할 수 있게 된 것이다.

체이스(Chase, 1984)는 조직이 이슈관리를 하는 과정을 정리해서 ①이슈를 확인하는 단계 ②이슈를 분석하는 단계 ③이슈 변화전략을 수립하는 단계 ④이슈에 관련된 행동계획을 실행하는 단계로 구분했다. 이러한 이슈관리 전략은 점화이론이 등장하기 전부터 공중관계 전문가에게 알려져 있었지만, 점화이론의 확립은 기업이나 정당이 이슈관리를 해야 하는 적극적인 이유와 합리적인 방안을 제시하고 있다.

기업, 정치조직 등은 자신의 조직에 대해 불리한 여론을 피하고 유리한 여론이 조성되도록 노력해야 하는데 이를 위해서 자신에게 유·불리한 이슈의 등장과 소멸을 확인해야 한다. 동시에 기업, 사회단체, 정치조직은 자신에게 유리한 이슈 환경을 조성하기 위해 적극적으로 노력해야 한다.

▌▌ No Japan 불매운동

"독립운동은 못 해도 불매운동은 한다" "보이콧 재팬" "NO 아베" "NO 재팬" "가지 않습니다, 사지 않습니다" "우리 가게는 일본 제품을 판매하지 않습니다",

2019년 7월초 시작된 일본 불매운동은, 온 나라가 뜨겁게 달아오른 사건이었다. 위와 같은 구호들이 온라인 뿐 아니라 오프라인, 즉 거리에도 넘쳐났다. 이런 가운데 운동정보를 실시간 공유하는 웹사이트들까지 등장하는 등 차츰 고도화, 체계화됐다.

　　이 불매운동의 주요 타깃이 된 유니클로는 실제로 일제의 침탈과는 전혀 상관없는 기업이지만 어찌어찌 점화대상으로 선정되었다. 여기서 일본 언론들은 "지난 25년 동안 일제 불매운동이 성공한 적은 단 한 번도 없었다", "한국인들은 냄비다"라는 말들로 불매운동을 깎아내렸다. 그러나 일본 불매운동의 기세는 사그라들기는 커녕 10대부터 90대까지 전 연령대가 동참한 가운데, 불매운동 정보를 실시간 공유하는 웹사이트 '노노

유니클로는 TV광고인 '유니클로 후리스:러브 앤 후리스'편. 15초 분량의 광고는 98세의 패션 컬렉터 할머니와 13세 패션 디자이너 소녀가 대화를 나누는 내용이 남겼다. 논란이 된 부분은 영상 속 할머니가 "80년도 더 된 일을 어떻게 기억하냐고" 말한 대사다. 언급된 80년 전은 1939년으로 일제강점기 시기이자, 일본이 '국가총동원법'을 근거로 한국인의 강제징용을 본격화한 시기다.

**기업을 살리는
설득의 기술**

재팬'과 '일본 불매운동 자경단'이 등장하는 등 차츰 고도화, 체계화됐다. 7월 11일 유니클로의 지분 100%를 소유한 패스트 리테일링(주)의 최고재무책임자(CFO) 오카자키 다케시가 "불매 운동의 영향은 오래 가지 않을 것이다."라고 발언한 이후 누리꾼과 소비자들의 여론이 격화되었고, 7월 16일 유니클로의 대한민국 지사인 에프알엘코리아(주)가 몇 언론을 통하여 해명과 사과를 내놓았으나 공식적인 입장이 아니라 여론은 더욱 악화되었다. 당황한 유니클로가 두 번이나 공식 사과했지만, 소용없었다. 7월 22일이 되어서야 일본 본사 사장 야나이 다다시의 의중이 반영된 사과문이 정식으로 게시되었다. 결과 유니클로의 9월 매출액은 전년 대비 67% 감소한 91억 원에 불과했다.

이와 함께 맥주 판매 1위를 차지하던 아사히 맥주를 비롯해 일본맥주들도 매장에서 한때 자취를 감출 정도로 판매부진을 겪었고, 토요타, 혼다, 닛산 등 일본 자동차들도 고전을 면치 못했다. 그렇지만 모든 일본계 기업들이 큰 피해를 본 것은 아니다. 사건 초기 어디를 점화대상으로 삼느냐에 따라 그 피해가 결정된 것이다.

사실 여부와 관계없이 어느 한 곳을 점화대상을 지칭하고 그곳에 집중한 캠페인을 진행하면, 그곳에 미치는 영향은 걷잡을 수 없이 커지고, 나아가 사회적 조치, 시스템적 반응까지 연결되면서 시대적 흐름을 변화시킬 수도 있는 것이다. 네로 황제가 로마를 불 지르고 "기독교인들이 불 질렀다"고 소문을 내고 그 이후 진행된 기독교에 대한 탄압과 박해를 떠올리게 되는 영향력을 지닌 것이 바로 프라이밍 전략이다.

점화효과와 PR전략

먼저 나온 뉴스는 나중에 나오는 뉴스, 혹은 광고에 영향을 미친다. 코카콜라의 이와 관련된 광고전략은 유명하다. 브랜드 파워 1위의 코카콜라는 뉴스시간대에 광고를 하지 않는다고 알려져 있다. 나쁜 뉴스가 방영된 뒤 코카콜라 광고를 접하는 소비자들은 광고 메시지를 부정적으로 인식할 우려가 있기 때문이다. 바로 먼저 나온 정보가 나중의 정보에 부정적 영향을 미칠 수 있다는 '점화효과'를 생각한 결정이다.

기분 나쁜 사건사고가 넘쳐나는 세상. 주요 뉴스 시간이 아무리 시청률이 높다하더라도 굳이 모험을 하면서 그 시간에 광고를 할 필요가 없다. 반면 인기 드라마가 있고, 그 드라마의 주인공이 등장하는 광고가 있는 기업이라면, 당연히 그 드라마에 이어 광고를 내보내고 싶어하게 된다. 드라마 내용이나 모델의 인기에 의해 소비자가 광고를 인식하는데 도움이 되기 때문이다.

실제로 채널A의 〈도시어부〉 프로그램이 인기를 끌게 되면서 거기에 고정출연하는 사람들이 등장하는 낚시도구 광고들이 제작되었고, 프로그램이 방영되는 중에 중간광고나 방영이 끝난 후 낚시광고들이 이어서 나오는 것을 대표적인 경우라 볼 수 있다.

광고의 경우, 사회적 맥락이나 문화적 맥락도 비슷한 점화효과를 낳는다. 같은 광고를 보더라도 함께 보는 주변 사람들이 어떤 반응을 보이는지에 따라 각자의 반응도 달라지고, 매장에서는 판매원이나 다른 소비자의 반응이 광고만큼이나 중요한 역할을 해 소비행태에 영향을 미치게 된다.

미디어 의존 이론을 개발한 산드라 볼 로키치(Ball-Rokeach)와 멜빈 드플로(Melvin J. Defleur)에 따르면 미디어, 수용자, 사회 간의 상호의존적 관계를 거시적으로 제시하고 있다. 사용자는 미디어 체제에 의존하게 되고, 미디어가 전달하는 메시지에 영향을 받아 인지적, 정서적, 행동적 변화를 일으킨다는 것이다. 선행연구의 결과를 바탕으로 SNS의 핵심적인 특징인 네트워크 방식의 차이, 그리고 이러한 차이에 따른 네트워크 내에서의 관계나 메시지 전파 방식은 개별 SNS의 독특한 특성을 만들어내게 된다는 것을 유추할 수 있다. 또한 사용자는 이러한 미디어 체제에 따라 인지적, 정서적, 행동적 변화를 일으킬 수 있다.

우리는 보통 프라이밍, 즉 점화역할을 하는 정보를 뉴스와 미디어를 통해 얻는다. 예를 들어 파워블로거의 맛집 소개를 생

제로데이 택배 서비스 론칭

서울고속버스터미널은 기존의 고속버스 택배를 도어투도어, 온라인 서비스와 접목하면서 '오늘 택배'라는 새로운 용어를 이용한 이미지 변화의 점화효과로, 소비자 접점을 넓히는 계기를 마련하게 된다.

● 기획= 서울고속버스터미널은 전국 고속버스 회사와 연계해 기존 고속버스 수화물 택배에 도어투도어, 온라인 서비스를 추가한 택배 서비스를 새롭게 론칭했다. 터미널에 대한 접근성이 떨어져 기존 고속버스 택배의 사용 경험자가 적은 상황에서, 새롭게 개발한 슬로건과 키비주얼을 활용해 소비자와의 접점 확대와 브랜드 인지도 제고에 나섰다.

● 전략= 유통업계에서 흔히 사용하는 '당일 택배' 대신 '오늘 택배'라는 단어를 선점하며 차별화를 부각시켰다. 또한 당일 택배 서비스가 수도권에 한정되어 있는 점과 달리 전국 당일 배송이 가능한 점에 초점을 두며 브랜드의 특·장점을 압축적으로 담아낸 '집에서 집으로, 오늘 받는 고속배송'이라는 슬로건을 개발해 전체 홍보 KIT과 SNS 콘텐츠에 적용했다.

●**프로그램 및 효과**= 고속 배송, 전국 배송, 안전 배송 3가지 특 · 장점을 간단한 인포그래픽 형태의 리플릿으로 제작해 서비스에 대한 이해도를 제고시키는 데 활용했다. 또한 고속버스 이용객이 급증하는 연휴 시점에 맞춰 현장 접점 홍보를 진행, 엑스배너 및 스티커 등의 다양한 홍보물을 비롯해 현장 이벤트 참여를 유도하며 잠재 고객 확보에 나서기도 했다. 또한 새로운 서비스에 대한 이해도를 높이고 소비자와 지속적으로 소통하기 위해 브랜드를 상기시킬 수 있는 통일된 메시지와 슬로건, 키 비주얼을 적용한 SNS 채널을 개설했다. SNS 채널에서는 참여형 이벤트를 주기적으로 진행하며 콘텐츠 확산 범위를 확대해 소비자와 브랜드 간의 관계를 형성했다. 이에 따라 고속버스를 이용한 장거리 택배 서비스에 대한 인지도가 계속 높아지고 있는 상황이다.

각해 보자. 우리가 어떤 음식점에 그냥 가서 사전정보 없이 음식을 먹을 때와 파워블로거의 블로그를 통해서 맛 집이라는 정보를 확인한 경우, 그 음식에 대한 맛의 판단은 차이가 클 수 있다. SNS에서의 입소문은 프라이밍 효과를 이용한 마케팅 전략의 대표적 사례라 할 수 있다. 입소문을 통해 상품이나 서비스의 특징과 장점을 사전 표준으로 제시할 수 있다. 누군가가 상품을 소개해주면 특전을 주는 등의 소개 전략을 쓰는 것 역시 입소문을 통해 프라이밍 효과를 누릴 수 있는 하나의 전략이다.

▐▐ 의식하 자극(Subliminal Priming)

프라이밍효과는 의식하지 못하는 속에서도 발생할 수 있다. 제임스 비카리(James Vicary)의 1957년 실험이 이를 증명하고 있다.

의식하 프라이밍(Subliminal Priming)이라고 하는 비카리의 실험은 극장에서 코카콜라의 무의식 광고를 방영한 후 콜라판매가 18.1% 증가했고, 팝콘은 57.8% 증가했다. 그런데 이 극장실험이 사실은 조작된 것으로 밝혀졌다. 그럼에도 불구하고 그에 대한 의미를 아예 부정할 수 없는 것은, 그 후 일련의 심리학실험들이 비카리와 유사한 의식하 프라이밍이 가능하다는 것을 입증하고 있기 때문이다.

가령 2006년 진행된 실험에서는 영상 속에 빠르게 노출되고 사라진 아이스티를 피실험자들이 찾아 마시려고 하는 경향을 확인했다. 목이 마른 사람들에게 비카리의 실험과 유사한 방식으로 의식하 광고를 했더니 광고에 노출된 특정 음료 브랜드를 실제로 마시려고 하더라는 것이다.

2010년 캐나다에서는 맥도날드, KFC, 버거킹 같은 패스트푸드 관련 자극들에 노출된 후 사람들은 더 참을성 없는 조급한 행동을 보이고, 빠른 결론을 선호하는 경향을 보인다는 결과를 도출해 냈다(Chen-Bo Zhong and Sanford E. DeVoe). 패스트푸드는 건강 문제 뿐 아니라 심리와 행동에도 큰 영향을 주고 있다는 이 연구 결과는 가히 충격적이었다.

미국에서는 돈을 센 사람은 종이를 센 사람에 비해 경쟁적이고 공격적으로 바뀌었다는 실험이 있었다. 가방, 의자, 사진 등 주변의 사물도 우리를 무의식적으로 변화시키고 있음을 밝혀내는 연구였다(Material Priming Effects).

F1(Formula One) 레이싱 차량인 페라리(Scuderia Ferrari) 상단에는 백색 바탕에 붉은색 선을 그려 넣은 특이한 바코드가 표기되어 있다. 2006년 EU국가들이 담배 광고를
법적으로 금지하면서 말보로 브랜드의 소유주인 필립 모리스(Philip Morris)는 이 표식을 보고나면 무의식적으로 말보로 로고를 정보처리 할 수 있는 특수한 그래픽 패턴을 차량에 부착했다. 영국의 의사협회에 의해서 고소되기도 했던 이 간접 광고는 다시 한번 의식하 광고에 대한 논란을 일으킨 바 있다.

이같이 의식하의 욕구를 자극할 수 있는 광고의 효용성은 여전히 논쟁 중인 주제이지만, 그 위험성을 우려한 많은 국가들은 법으로 의식하 광고를 금지하고 있다.

2005년에 피알원이 진행했던 화이트타이 캠페인도 의식하 자극을 시도한 사례이다. 아래는 보도자료의 일부이다. 〈여성가족부(장관 : 장하진)는 성매매방지법 시행 1주년을 맞아 성매매를 허용하는 문화와 의식을 개선하기 위해 화이트타이 (www.whitetie.co.kr) 캠페인을 시작한다. "앞선 남자의 근사한 생각"이란 슬로건의 화이트타이 캠페인은 20~30대 남성을 중심으로 우리 사회에서 여성을 존중할 줄 아는 앞선 남자의 표상을 만들어 가겠다는 것이다. 즉 성매매, 성폭력은 여성에게 가해지는 폭력행위이며, 이에 대해 침묵하지 않는 남성을 『화이트 타이』맨으로 상징화하여 참여를 유도해 나갈 계획〉을 밝혔다.

이를 위해 여성가족부는 캠페인의 공식 런칭에 앞서, 정부기관으로는 처음으로 서울시내 주요 번화가와 유흥가, 지하철에서 일반 시민들 대상으로 티저 방식의 홍보를 선보였다. 당시 진행된 티저 퍼포먼스는 "엽기광녀", '지하철 늑대인간", "화이트 타이"라는 사진과 글로 네이버, 다음, 야후, 엠파스 등 온라인 포털사이트들에서 네티즌들의 화제를 불러 일으켰다. 더불어 유흥업소에서 남성을 유혹하는 것과 똑같은 방법으로 "2차 가지 말자"는 라이터, 명함 등을 돌린 것은 다소 파격적인 발상이었으며, 이에 네티즌들 간에는 어느 유흥업소의 광고이거나 남성의류브랜드 광고일 것이라는 등의 추측이 무성했었다.

이마트에서 노브랜드라는, 진한 황색 바탕에 검은색 글자가 적힌 포장지로 포장된 제품들을 본 적 있을 것이다. 2015년 4

월 이마트가 자체 브랜드 마케팅의 일환으로 창시한 노브랜드는 유통단계를 축소하고 불필요한 광고, 마케팅 비용을 제거하여 브랜드 제품에 비해 저렴한 가격을 내세웠고 소비자들에게 지속적으로 호평을 받고 있다. 인터넷에 노브랜드를 검색하면 입을 모아 칭찬하는 글이 주를 이룬다. 노브랜드의 가성비 전략은 저렴한 가격에 쓸만한 물건을 얻었다는 느낌, 즉 스마트 컨슈머가 되었다는 만족감을 충족시켜주기 때문에 SNS가 활발한 요즘 사회에서 소비자들의 입소 문에 의한 버즈 마케팅까지 가능하게 만드는 것으로 보인다.

사실 '브랜드가 아니다. 소비자다.'라는 문구는 캐치프레이즈일 뿐, 노브랜드 역시 이마트가 만든 하나의 브랜드다. 'Made For Consumer'라는 문구를 통해 그들의 철학은 최적의 소재와 제조법을 찾아 최저의 가격대를 만들고 소비자들이 브랜드 네임보다 제품의 질에서 가치를 찾을 수 있도록 돕는 것이라 말하고 있지만, 황색의 포장에는 매우 명확하게 이마트 이미지를 담아 놓았다. 노브랜드는 대부분의 소비자가 추구하는 '저렴한 가격'이라는 효용을 극대화했다는 점에서 특별한 경쟁력을 갖고 이목을 끄는 것이다.

▮▮ 무의미한 노출의 반복, 에펠탑 효과

무의미한 노출도 반복되면 호감을 주는 경향이 있는데 '에펠탑 효과(Eiffel Tower Effect)'가 그 예이다. 1889년 프랑스혁명

**기업을 살리는
설득의 기술**

100주년을 기념하기 위해 건립된 에펠탑이 초기에 시민들의 강한 반대로 철거 위기에 몰렸다. 유명한 지식인들은 에펠탑이 보이지 않는 곳에서 차를 마시고 싶어 할 정도였다, 그렇지만 오랫동안 노출되면서 에펠탑은 파리시민들의 사랑을 받는 프랑스의 상징으로 자리 잡게 되었다. 별 의미가 없는 것도 거듭 노출되다 보면 호감을 줄 수 있음을 에펠탑이 상징적으로 보여주었다.

반대의 예도 있다. 1990년대 초 펩시콜라에서 출시한 크리스털 펩시(Crystal Pepsi)는 콜라와 맛은 거의 동일했지만 대신에 색상은 무색이었다. 비록 맛은 동일했지만 '콜라=검은색'이라는 강력한 연상은 코카콜라, 펩시콜라 등 다수의 콜라들이 공유하고 있는 연상의 고리였기 때문에 크리스털 펩시가 콜라의 개념을 바꿀 수는 없었다. 결국 론칭 단계에서의 대단한 마케팅 투자에도 불구하고 크리스털 펩시는 시장에서 사라지게 된다. 누적된 학습을 통해 강화된 강한 연상의 연결을 마케팅을 통해 인위적으로 바꾸는 것이 매우 어려움을 보여주는 좋은 사례이다.

▌▌삼성과 애플 특허전쟁의 승자

1등과 싸우는 추적기업은 그 싸움으로 인해 1등과 비슷한 반열에 올라서게 되기도 한다. 삼성과 애플의 특허전쟁을 프라이밍 효과로 보면, 그 같은 현상을 확인할 수 있다.

2011년 4월부터 시작된 특허전쟁은 처음에 애플이 제기한 디자인 특허 침해 소송을 시작으로 불이 붙었는데, 삼성의 통신 특허 침해 맞고소로 이어져, 전 세계로 확장되어져 갔다. 사실 법정 판결과 관계없이 이 특허전쟁의 가장 큰 수혜자는 삼성이라고 보는 경우가 많다. 이 전쟁으로 애플은 많은 유저들에게 혁신기업이 아닌 소송기업으로 보이게 되었고, 삼성은 그와 반대로 혁신기업으로서의 새로운 이미지를 구축하게 되었다는 분석이다. 뿐만 아니라 삼성은 세계에서 유일하게 애플에 굴복하지 않고, 대항할 수 있는 강력한 라이벌의 이미지 또한 가질 수 있게 되었다. 이 모든 것이 가능했던 것은 바로 전 세계 매스미디어의 덕분이었다.

실제로 2011년도 초의 애플에게는 삼성전자 뿐 아니라 모토로라, LG, HTC, 소니, 노키아 등의 여러 쟁쟁한 라이벌 기업들이 있었다. 하지만 당시 애플은 많은 기업들 중에서도 삼성전자와 소송을 시작하게 되고, 시간이 지남에 따라 매스미디어의 영향으로 사용자들은 삼성의 기업 또는 제품의 이미지를 애플과 동등한 위치로 보게 되는 결과를 낳게 되었다. 그러나 다른 라이벌 기업들은 제대로 된 경쟁도 한번 못해보고 묻혀버리게 되었다. 이것은 점화효과로 볼 수 있는 사례인데, 미디어가 어떤 특정한 이슈(삼성과 애플의 특허전쟁)에 주목하고 또 다른 이슈에는 주목하지 않음으로써, 스마트기기에 대한 공중의 평가

기준을 바꾸어 놓았다.

그 이전에도 삼성전자는 좋은 기기들을 제작 판매해 왔지만, 특허 싸움이 시작된 그 해에 모바일 기기 관련된 대부분의 상을 삼성에서 휩쓸었고, 그 이후 스마트폰과 피처폰 둘 부분에서 세계 판매량 1위에 오르는 기염을 토하게 됐다.

▌▌점화전략, 별명으로 말한다

별명이란 친구들끼리 정겹고 장난스럽게 부르기 위해 사용하지만, 화장품 브랜드에서의 별명은 그 어떤 칭호와도 바꿀 수 없는 최고의 마케팅 네임밸류를 나타내곤 한다. 쉽게 부를 수 있는 별명은 화장품에 대한 명성과 같아 사람들로 하여금 그 제품을 찾게 만들고, 판매량의 상승으로 직결시킬 수 있다.

이제는 '네이밍 마케팅', '애칭 마케팅'이라 하여 소비자가 지어주는 별명이 아닌 회사의 계획에 따른(?) 별명으로 마케팅을 하는 사례가 늘고 있는 상황이다. 심지어 별명스러운(?) 이름을 가진 제품들도 속속 출시되고 있다. 화장품 시장에서는 ①짐승젤 = 착한 가격, 엄청난 용량, 순한 사용감으로 당시 인기 있던 짐승돌과 연관된 별명을 가진 화장품을 말한다. ②총알 립스틱 = 제품 외형이 총알을 닮았다 하여 지어진 별명이다. ③갈색 병 = 모르는 사람이 없는 갈색 병의 효과. 비싼 가격에도 날개 돋힌 듯 팔린 '에스티로더 어드밴스드 나이트 리페어 싱크로나이즈드 리커버리' 등이 있다. ④구슬 파우더 = 구슬 형태의 펄 파우더로 여러 한정판 구슬을 출시하며 아직도 높은 인기를 누리는 화장품이다. 화장품브랜드는 이름이 길면서 외우기도 어려운데 갈색 병, 짐승젤 이런 식의 별명으로 호칭할 수 있으면 영업에 크게 도움이 될 수 있다. 짧고 강렬한 별명이 기억하기 쉽다는 점도 있겠지만, 별명이 연상시키는 첫 이미지(아이돌/ 총알 등)와 제품이 연계되는 효과가 더 크다고 판단한 것으로 보인다.

무의식 맞춤 마케팅

마케팅의 영역에서, 어떤 심리 현상을 '무의식'의 범주에 넣으려면 몇 가지 기준이 충족되어야 한다. 첫째, 소비자 의사결정에 영향을 미치는 어떤 것. 둘째, 소비자들이 그 영향에 대해 인식하지 못하는 과정. 셋째, 의사결정에 영향을 미친 어떤 정보적 흔적이 있는지에 대한 것이다. 그리고 무의식이라는 용어를 그대로 사용하기보다는 정신분석, 점화, 체화된 인지라는 개념을 주로 다뤘다. 지금부터는 이러한 무의식을 마케팅 장면에서 어떻게 활용할 수 있을지에 대해 생각해 보자.

▟▌ 감각 경험 관리, 플러그샵 이용하기
무의식적으로 어떤 행동을 지속하게 할 수 있다면, 그 무의식은 도대체 어떻게 만들어지는 것일까. 무의식을 통해 소비자들을 움직여 특정 소비를 이끌어 낸다는 것, 신기할 지경이다. 김지호 경북대 교수는 DBR 276호(2019년 7월)에서 아래와 같은 현상이 가능함을 설명한다.

"'볼드'하고 '리얼'한 커피 맛을 어필하고 싶다면 커피 컵을 무겁게, 조명을 어둡게, 바닥을 딱딱하게, 그리고 패키지는 짙은 색으로 하면 도움이 된다. 무겁고(촉감) 어둡고(조명)하고 강인(딱딱)하고 굵다(짙은 색)는 형용사는 소비 경험과 맛 경험에 동시에 영향을 미치는 감각적 은유로서 영향을 미치기 때문이다. 마찬가지로 '프루티(fruity)하고 시트러스향이 나는 도수가 강한 에일맥주'는 과일을 연상시킬 수 있는 색상이 인쇄된 각진 잔에 마실 때 더욱 그 맛을 두드러지게 느낄 것이다. 원형 잔보다 각진 잔을 잡을 때 통각을 느껴 톡 쏘는 감각을 활성화시키기 때문이다. 게다가 프루티한 향을 강요하듯 속보이게 과일 문양을 직접 보여줄 필요도 없으니 소비자의 저항이나 비판을 유발하지도 않을 것이다."

무의식을 자극함으로써 실제적 감각에 큰 영향을 미치는 것은 명확해 보인다. 소비자들은 특별한 감각을 원하기 때문에 기꺼이 비싼 값을 지불한다. 식재료가 자연산인지, 양식인지에 따라 가격에 큰 차이가 있다. 감각 경험이 애매하기 때문에 무의식을 비롯한 다양한 외적 단서에 영향을 받는다.

그런 관점에서 플래그십 스토어를 잘 활용하는 것은 좋은 전략이다. 브랜드의 이미지와 특성을 잘 전달하도록 만들어진 공간인 플래그십 스토어. 여기에다 필요한 무의식적 단서들을 잔뜩 모아놓고 고객들을 이 공간 안으로 불러들이면, 그 고객들은 자극받은 무의식에 따라 그 회사의 제품에 호감을 갖게 된다. 문의 개폐 방향, 조명의 색상, 천장의 높이, 바닥재, 벽재 등 실내의 모든 요소들을 일종의 은유작용이 가능하도록 배치함으로써 소비자들의 무의식을 점화할 수 있는 단서를 제공하는 것이다.

사람들이 애플스토어를 방문하긴 하지만 그 영향력의 지대함은 알지 못한다. 애플의 문제점을 조목조목 비판하는 사람들이 정작 애플의 가장 훌륭한 자산인 애플스토어라는 존재는 빼먹기 일쑤다. 애플은 소비자 가전업체로 항상 소비자와 직접 접촉하면서 물건 파는 방법을 배웠다. 애플만의 노하우다. 애플은 소비자에게 직접 돈을 받고, 물건을 판다. 그래서 애플은 다른 어떤 기업보다도 소비자들과 어떻게 관계를 맺고, 어떻게 물건을 팔아야 하는지 잘 알고 있다. 그들의 이런 노하우가 애플스토어에 그대로 응축되어 있다.

애플이 직접 소매점을 운영할 생각을 한 것은 유통점에서 환영받지 못한 절망적 상황을 극복하기 위한 고육지책이었다. 매장 구석에 손상된 채 방치되어 있는 매킨토시는 그 자체로 애플의 브랜드에 악영향을 주었다. 구겨진 애플의 브랜드를 살리기 위해서라도 특단의 조치가 필요했다. 스티브 잡스는 고심끝에 직접 소매점을 운영하기로 결정한다. 스티브 잡스는 론

존슨을 소매점 책임자로 임명하고 함께 애플스토어 전략을 세워갔다. 애플스토어가 실현하고자 하는 핵심 전략은 두 가지였다. 첫 번째 전략은 단순히 물건을 구입하기 위한 매장이 아니라 고객의 경험을 디자인하기로 한 것이다. 두 번째 전략은 애플스토어를 통해서 고객이 주인이라는 점을 분명하게 느낄 수 있도록 하자는 것이다.

스티브 잡스는 또 하나의 과감한 결정을 내린다. 애플 스토어의 위치를 가장 번화하고 비싼 땅에 마련한 것. 애플을 사지 않더라도 애플스토어는 알고 방문할 수 있도록 하기 위한 선택이었다. 그 '도박'은 큰 성공으로 돌아왔다. 애플 제품이 가장 매력적으로 보일 수 있도록 철저한 계산 아래 디자인된 만큼 막상 매장에 들어오면 애플에 호의적이 되는 건 시간문제다. 2009년 애플의 전체 매출은 299억 달러였는데, 당시 애플스토어 매출이 66억 달러였을 정도로 애플스토어는 중요한 요소가 되었다.

애플의 이미지를 관리하고, 소비자의 의견을 듣고, 마니아들의 소통공간이 된 애플스토어는 사실, 소비자의 무의식을 조정해 자기 편으로 만드는 무의식 맞춤 마케팅의 전형적인 예로 지금도 생생하게 살아있는 증거인 셈이다.

▟▎ 무의식 자극, 무의식 충돌

무의식을 자극하는 것이나, 무의식과 충돌하는 것은 모두 가

LG전자 베스트샵 디지털PR

LG전자는 온라인 시장의 확산과 불경기로 인해 매장을 찾는 고객들이 줄어들자, 재방문을 유도하는 등 베스트샵 매장 활성화를 위한 전략을 마련할 필요를 느끼고, 이를 해결할 다양한 디지털 콘텐츠를 개발해 감각경험을 통한 고객관리를 성공적으로 수행했다.

●기획= 가전제품을 온라인으로 구매하는 소비자가 크게 늘고 불경기로 인해 침체된 가전 유통 시장 속에서 LG전자 베스트샵 매장으로의 소비자 방문을 높일 수 있는 방법이 필요했다. 그래서 소비자들의 구매와 관심도를 높일 수 있는 다양한 콘텐츠, 광고 전략을 전개했다.

●전략= 최우선 목표인 지점 방문 유도를 위해 블로그, 페이스북, 인스타그램, 유튜브, 네이버TV, 카카오톡 등 6개의 공식 채널을 기반으로 각 매체의 특성과 타깃을 고려한 콘텐츠 전략을 세웠다. 신규 지점 오픈과 구매 혜택을 알리는 영상 제작, 지점 방문을 유도하는 온-오프라인 연계 이벤트, 온

라인 상에서 지점 관련 정보들의 추가적인 확산을 위한 광고 집행 등 다양한 프로그램을 통해 소비자들에게 자사 정보를 인지시키며 '가전 제품의 구매를 위한 최고의 선택'이라는 메시지를 자연스럽게 인지할 수 있도록 하여 매장 방문을 유도하였다. ①구독자 확보와 인터랙션 증대 유도 ②세일즈 콘텐츠 증대 및 지점 방문 유도 ③LIFE STYLIST로서 콘텐츠 접근 및 기획 등의 전략으로 소비자와의 친밀감 형성을 위한 다양한 프로그램을 진행했다.

●프로그램= 콘텐츠 주목도 상승을 위해 신규 콘텐츠 도입 및 소비자 참여형 이벤트 등으로 방문자수 증대와 팬·팔로워 확보를 통한 소비자 커뮤니케이션을 강화했다. 또한 세일즈 정보 콘텐츠의 자발적 확산 및 신제품 출시일, 결혼 성수기에 맞춰 방문을 유도하는 인증 이벤트 등을 진행하며 브랜드 충성도를 높였다.

소비자 관심 증대 및 채널 내 체류시간을 늘릴 수 있는 흥미 유발성·정보성 콘텐츠를 강화하기 위해 최신 디지털 트렌드에 따라 메신저로 상담을 받는 채팅형 콘텐츠와 제품의 활용법 노출 및 지점 소개를 위한 매장 홍보 영상, 그리고 제품 USP 소구를 위한 모션 그래픽 영상 등 다양한 신규 콘텐츠를 제작하였다.

●효과= 적극적인 디지털 커뮤니케이션 활동을 통해 전년도 대비 이웃·팬·팔로워는 2배, 콘텐츠 조회수 3배, 동영상 조회수 2배 증가 등 가시적 결과를 가져왔다. 이와 함께 매장에서의 구입 혜택과 고객의 편의성을 고려한 다양한 서비스를 강조하며 소비자들을 매장으로 유입, 브랜드에 대한 긍정적인 인식을 확대시키는 데 성공했다.

시적 효과를 쉽게 확인할 수 있다.

한 실험에서 노인이라는 고정관념과 관련된 점화단어들을 활용해 무의식을 자극해 봤다. 주름처럼 노인을 연상시키는 단어로 문장을 만드는 과제를 통해 노인에 대한 고정관념을 점화했다. 그 실험 참가자들이 복도 끝 엘리베이터까지 걸어가는 데 걸리는 시간을 측정했더니, 노인에 점화된 참가자들이 그렇지 않은 참가자들보다 더 많은 시간이 걸린다는 것을 확인했다 (Bargh, Chen, and Burrows, 1996).

반면 무의식과 충돌하는 것은 실패할 확률이 높은 게임이다. 유명한 흰색 바나나우유 논쟁이 그 예다. 바나나 과육은 하얗다. 그래서 바나나우유는 하얀 것이 맞다는 생각에서 흰색 바나나우유를 마케팅한 기업이 있었다. 그런데 기존의 바나나우유는 노란색이었다. 노란 껍질색이 바나나의 상징색이 되어 버렸다. 그래서 하얀 바나나우유는 참패했다. 이성적, 의식의 영역에서는 하얀 바나나우유나 노란 바나나우유나 모두 바나나우유라고 받아들일 수 있지만, 이미 선점된 이미지, 점화된 이미지는 노란색이었다. 게다가 그냥 흰 우유와도 경쟁해야 하는 입장이 된 하얀 바나나우유는 두 개의 무의식 전선에서 동시에 패배했다. 깨끗한 무첨가 우유라는 점에서 보통 흰 우유에 밀릴 수밖에 없었고, 바나나는 노랗다는 선점된 무의식과의 싸움에서도 밀린 것이다.

세상이 무서울 정도로 빠르게 변하고, 소비자들의 기호 또한 급변하는 시대다. 그래서 새롭고 신기한 것을 내놓으면 된다고 생각하는 마케터들이 많다. 치고 빠지는 발빠름을 통해 새롭게 시장을 개척할 수 있다. 그렇지만, 근본적으로 소비자들의 무의식에 이미 하나의 고정관념이 형성되어 있다면, 그것을 점화효과로 활용해 발전시켜 나가는 것이, 무의식과 충돌하는 것을 선택하는 것보다 현명한 판단이다.

흰색 바나나우유, 투명한 콜라 등의 사례가 실패의 요소들을 보여주고 있다. 조용한 진공청소기를 만들었더니 소비자들이 잘 작동하고 있다는 믿음을 갖지 않더라는 이야기도 있다. 진공청소기가 갖는 어느 정도의 소음은 진공청소기 그 자체를 상징하는 무의식적 감각요소가 되어 버렸던 것.

설득 커뮤니케이션을 공부하고, 대중의 입맛이 얼마나 쉽게 조정될 수도 있는지를 알게 된다면, 진실과 사실, 합리적 정보는 물론이고 인간의 잠재의식 혹은 무의식, 심리를 지배하는 각종 설득 도구들을 적절히 활용한 마케팅 전략의 힘을 잘 인식할 수 있을 것이다.

노동부 Working 60+ 캠페인

2000년에 진입하면서 정부를 중심으로 다가올 저출산 고령화 현상에 대한 우려가 커지기 시작했다. 불경기로 인한 명퇴 등 조기 퇴직 현상과 고령 근로자에 대한 저능력자로의 낙인도 알게 모르게 퍼져가고 있었다. 하지만 급격히 진행되는 고령화에 대해 국민들이 체감하지 못하고 있고 40~50대에 조기 퇴직은 사회적 부양부담을 가중시키는 요인으로 작용하고 있으며 반면 장래 근로자 부족 현상도래로 우리 경제의 성장에 부담이 될 것이어서 개선이 시급했다. 그리고 직장에서 고령자의 정년보장이 불투명하고 연공서열 문화는 재고용을 저해하는 요인이 되고 있었다.

● 기획= 이러한 고령자 일자리 문제를 개선하고자 정부는 고령 근로자 인식 개선 캠페인을 시작하였다. 2006년 캠페인을 기획, 진행한 피알원은 고령근로자 = 활동적인 장년으로 인식 전환을 목표로 사업을 추진했다. 고령(高齡)을 핸디캡이 아닌 장점으로 전환하여 고령근로자의 긍정적인 이미지를 정립하자는 것이었다.

● 전략= 플랫폼으로서 캠페인 상징을 개발하고 온라인 카페를 개설하여 사회 담론의 형성을 도모했으며 유명 셀럽으로 엔도서 그룹을 구성하고 캠

페인 발대식을 계기로 인식전환에 대한 다양한 활동의 전개를 통해 의식하지 않게 고령자의 활동성 인식을 구축하는 전략을 전개했다.

●프로그램= 고령자고용촉진주간 제정, 고령근로자에 관한 전국릴레이 심포지엄, 온라인 이벤트, 미디어 기획기사 보도촉진 등이다. 또한 각 연령별로 개인의 삶에 대한 인식 및 행동을 진단하여 나이에 대한 선입견을 해소, 이를 통해 중·장년층의 고용을 촉진 할 수 있는 사회적 인식기반을 조성하고자 서베이를 기반으로 W보고서를 출간하였다. 이는 고령자를 'W세대'로 명명, 이들에 대한 연구를 계속적으로 진행할 수 있는 계기를 마련한 것인데 Working의 W와 Wise의 W를, 삶의 굴곡을 나타낼 수 있는 알파벳 W로 상징화 하였다.

●효과= 이를 통해 그간 조기은퇴를 종용하고, 능력이 없는 사람으로 폄하된, 노인 세대에 대한 부정적인 인식을 타개하고 경험이 많아 노련한 활동적인 장년층으로 만들어 가는 작업을 시작하게 되었다.

그해 연말에 실시한 평가 서베이에서 캠페인 인지도 15.8%, 캠페인 공감도 89.8%(긍정적), 캠페인 이해도 74.8%로 나타나 캠페인 첫해임에도 큰 성과를 이룩했다.

1장

김태양, 신동희(2012), 소셜네트워크 마케팅에서 정교화 가능성 모델의 적용 연구, Computer Science

아리스토텔레스 저 / 이종오 역(2015년), 아리스토텔레스 수사학, 한국외국어대학교출판부

여현준(2016), 마케팅의 역사: 2. 선전의 대가들-버네이스와 괴벨스, 슬로우뉴스

장수한 외 퇴사학교 (2016), 에드워드 버네이스 / 프로파간다 (propaganda, 1928)

곽준식(2013), 이용가능성 휴리스틱(availability heuristic), 동아비즈니스리뷰 126호

김신회(2013), 망해가던 '할리' 살려낸 '호그족' [머니투데이]

김소연(2017), '오뚜기'를 마냥 '갓뚜기'라고만 할 수 없는 이유, 허핑턴 포스트코리아

2장

전현규(2013), 전현규박사 지식경영, http://koreanginseng.com/board

노아 골드스타인, 스티브 마틴 저/ 윤미나 역(2008), 설득의 심리학2, 21세기북스

로버트 치알디니 저/ 황혜숙 역(2019), 설득의 심리학1, 21세기북스

김은정(2013.06.10.), '돌직구'를 날린다··· 비교광고, 2위업체가 해야 효과, 조선일보. https://biz.chosun.com/site/data/html_dir/2013/06/09/2013060902044.html

조우성(2015), 유용한 협상전술 : 권위의 법칙 활용, brunch

정철화(2020), 초격차 혁신사고 77, 좋은책 만들기

Charlotte Meredith, ('레고'의 무릎을 꿇게한 그린피스의 캠페인 비디오), The Huffington Post UK 2014년 10월 13일, http://www.huffingtonpost.kr/2014/10/13/story_n_5975028.html

NO.1 AD PORTAL-www.tvcf.co.kr, 안전운전 캠페인- 아름다운 말 편

BizSpring(2017), 넛지 효과(nudge effect)-넛지 마케팅이란?

박정현(2017), '진정성 마케팅'의 힘, 조선일보. http://weeklybiz.chosun.com/site/data/html_dir/2016/05/20/ 2016052001502.html

**기업을 살리는
설득의 기술**

구정은, (콜라는 비만과 상관없다? 미국의 '수상한 과학자들), 경향신문 2015.08.10. http://news.khan.co.kr/kh_news/khan_art_view. html?artid=201508101117501&code=970100

장호두(2017), [언론-민주주의] 프레임(frame)과 프레이밍(framing) 개념. http://m.blog.naver.com/hodujang/221107801903

이준웅(2001), 의제설정 이론, 한국언론재단, 신문과 방송, 2001.11, 371호

박찬주(2017), 프레이밍 효과(Framing effect)의 사례. http://m.blog. naver.com/stranger234/221157710365

김현정·조재형 (2016년), 〈기업 가치 PR 활동의 PR 역사성이 브랜드 태도와 브랜드 충성도에 미치는 영향에 대한 연구〉, 한국PR학회 홍보학연구 Vol.20

강민혜(2017), 진실을 가둔 프레이밍을 깨는 법 [사회교양특강] 김진혁 전 EBS PD 주제 ② 언론의 프레임과 다큐멘터리, 단비뉴스

김태현 (2019. 12. 28), [2019년 10대뉴스] ①일본 불매운동 'NO JAPAN' 과 지소미아 …www.straightnews.co.kr › news › articleView

손영화 (2013),「고객 심리학」, 18(1): 1-302. 서울: 커뮤니케이션북스

팝사인(2018), 프라이밍 OOH광고의 숨은 심리학, http://lsvh. popsign.co.kr/index_media_view.php?BRD=3&NUM=212. Ewha [Brand Communication], Hub & Spoke Strategy-61 starbucks stores in one region 스타벅스의 입지 선정 전략

김지호(2019), 무의식이론종합, 동아비즈니스리뷰 307호

조재형(2017), 위험사회, 에이지21

기업을 살리는 설득의 기술

2021년 1월 20일 1판 1쇄 인쇄
2021년 1월 25일 1판 1쇄 발행

지은이 • 조재형

펴낸이 • 김진환

펴낸곳 • ㈜**학지사**

04031 서울특별시 마포구 양화로 15길 20 마인드월드빌딩

대표전화 • 02-330-5114   팩스 • 02-324-2345

등록번호 • 제313-2006-000265호

홈페이지 • http://www.hakjisa.co.kr

페이스북 • https://www.facebook.com/hakjisa

ISBN 978-89-997-2247-9 03320

정가 14,000원

출판 · 교육 · 미디어기업 **학지사**

간호보건의학출판 **학지사메디컬** www.hakjisamd.co.kr
심리검사연구소 **인싸이트** www.inpsyt.co.kr
학술논문서비스 **뉴논문** www.newnonmun.com
원격교육연수원 **카운피아** www.counpia.com